汤和信俗

汤和信俗

总主编 金兴盛

浙江省非物质文化遗产代表作丛书

浙江摄影出版社

潘旭宏 项玉燕 主编

徐顺炜 何黄彬 项有仁 编著

总 序

中共浙江省委书记
省人大常委会主任 夏宝龙

　　非物质文化遗产是人类历史文明的宝贵记忆，是民族精神文化的显著标识，也是人民群众非凡创造力的重要结晶。保护和传承好非物质文化遗产，对于建设中华民族共同的精神家园、继承和弘扬中华民族优秀传统文化、实现人类文明延续具有重要意义。

　　浙江作为华夏文明发祥地之一，人杰地灵，人文荟萃，创造了悠久璀璨的历史文化，既有珍贵的物质文化遗产，也有同样值得珍视的非物质文化遗产。她们博大精深，丰富多彩，形式多样，蔚为壮观，千百年来薪火相传，生生不息。这些非物质文化遗产是浙江源远流长的优秀历史文化的积淀，是浙江人民引以自豪的宝贵文化财富，彰显了浙江地域文化、精神内涵和道德传统，在中华优秀历史文明中熠熠生辉。

　　人民创造非物质文化遗产，非物质文化遗产属于人民。为传承我们的文化血脉，维护共有的精神家园，造福子孙后代，我们有责任进一步保护好、传承好、弘扬好非物质文化遗产。这不仅是一种文化自觉，是对人民文化创造者的尊重，更是我们必须担当和完成好的历史使命。对我省列入国家级非物质文化遗产保护名录的项目一项一册，编纂"浙江省非物质文化遗产代表作丛书"，就是履行保护传承使命的具体实践，功在当代，惠及后世，有利于群众了解过去，以史为鉴，对优秀传统文化更加自珍、自爱、自觉；有利于我们面向未来，砥砺勇气，以自强不息的精神，加快富民强省的步伐。

党的十七届六中全会指出，要建设优秀传统文化传承体系，维护民族文化基本元素，抓好非物质文化遗产保护传承，共同弘扬中华优秀传统文化，建设中华民族共有的精神家园。这为非物质文化遗产保护工作指明了方向。我们要按照"保护为主、抢救第一、合理利用、传承发展"的方针，继续推动浙江非物质文化遗产保护事业，与社会各方共同努力，传承好、弘扬好我省非物质文化遗产，为增强浙江文化软实力、推动浙江文化大发展大繁荣作出贡献！

（本序是夏宝龙同志任浙江省人民政府省长时所作）

前 言

浙江省文化厅厅长 金兴盛

国务院已先后公布了三批国家级非物质文化遗产名录,我省荣获"三连冠"。国家级非物质文化遗产项目,具有重要的历史、文化、科学价值,具有典型性和代表性,是我们民族文化的基因、民族智慧的象征、民族精神的结晶,是历史文化的活化石,也是人类文化创造力的历史见证和人类文化多样性的生动展现。

为了保护好我省这些珍贵的文化资源,充分展示其独特的魅力,激发全社会参与"非遗"保护的文化自觉,自2007年始,浙江省文化厅、浙江省财政厅联合组织编撰"浙江省非物质文化遗产代表作丛书"。这套以浙江的国家级非物质文化遗产名录项目为内容的大型丛书,为每个"国遗"项目单独设卷,进行生动而全面的介绍,分期分批编撰出版。这套丛书力求体现知识性、可读性和史料性,兼具学术性。通过这一形式,对我省"国遗"项目进行系统的整理和记录,进行普及和宣传;通过这套丛书,可以对我省入选"国遗"的项目有一个透彻的认识和全面的了解。做好优秀传统文化的宣传推广，为弘扬中华优秀传统文化贡献一份力量，这是我们编撰这套丛书的初衷。

地域的文化差异和历史发展进程中的文化变迁，造就了形形色色、别致多样的非物质文化遗产。譬如穿越时空的水乡社戏，流传不绝的绍剧，声声入情的畲族民歌，活灵活现的平阳木偶戏，奇雄慧黠的永康九狮图，淳朴天然的浦江麦秆剪贴，如玉温润的黄岩翻簧竹雕，情深意长的双林绫绢织造技艺，一唱三叹的四明南词，意境悠远的浙派古琴，唯美清扬的临海词调，轻舞飞扬的青田鱼灯，势如奔雷的余杭滚灯，风情浓郁的畲族三月三，岁月留痕的绍兴石桥营造技艺，等等，这些中华文化符号就在我们身边，可以感知，可以赞美，可以惊叹。这些令人叹为观止的丰厚的文化遗产，经历了漫长的岁月，承载着五千年的历史文明，逐渐沉淀成为中华民族的精神性格和气质中不可替代的文化传统，并且深深地融入中华民族的精神血脉之中，积淀并润泽着当代民众和子孙后代的精神家园。

岁月更迭，物换星移。非物质文化遗产的璀璨绚丽，并不意味着它们会永远存在下去。随着经济全球化趋势的加快，非物质文化遗产的生存环境不断受到威胁，许多非物质文化遗产已经斑驳和脆弱，假如这个传承链在某个环节中断，它们也将随风飘逝。尊重历史，珍爱先人的创造，保护好、继承好、弘扬好人民群众的天才创造，传承和发展祖国的优秀文化传统，在今天显得如此迫切，如此重要，如此有意义。

非物质文化遗产所蕴含着的特有的精神价值、思维方式和创造能力，以一种无形的方式承续着中华文化之魂。浙江共有国家级非物质文化遗产项目187项，成为我国非物质文化遗产体系中不可或缺的重要内容。第一批"国遗"44个项目已全部出书；此次编撰出版的第二批"国遗"85个项目，是对原有工作的一种延续，将于2014年初全部出版；我们已部署第三批"国遗"58个项目的编撰出版工作。这项堪称工程浩大的工作，是我省"非遗"保护事业不断向纵深推进的标识之一，也是我省全面推进"国遗"项目保护的重要举措。出版这套丛书，是延续浙江历史人文脉络、推进文化强省建设的需要，也是建设社会主义核心价值体系的需要。

在浙江省委、省政府的高度重视下，我省坚持依法保护和科学保护，长远规划、分步实施，点面结合、讲求实效。以国家级项目保护为重点，以濒危项目保护为优先，以代表性传承人保护为核心，以文化传承发展为目标，采取有力措施，使非物质文化遗产在全社会得到确认、尊重和弘扬。由政府主导的这项宏伟事业，特别需要社会各界的携手参与，尤其需要学术理论界的关心与指导，上下同心，各方协力，共同担负起保护"非遗"的崇高责任。我省"非遗"事业蓬勃开展，呈现出一派兴旺的景象。

"非遗"事业已十年。十年追梦，十年变化，我们从一点一滴做起，一步一个脚印地前行。我省在不断推进"非遗"保护的进程中，守护着历史的光辉。未来十年"非遗"前行路，我们将坚守历史和时代赋予我们的光荣而艰巨的使命，再坚持，再努力，为促进"两富"现代化浙江建设，建设文化强省，续写中华文明的灿烂篇章作出积极贡献！

2013年11月20日

目录

六百多年前，明朝大将汤和奉旨到温州等东南沿海修城筑堡，抗御倭寇侵扰。为了纪念汤和的丰功伟绩，缅怀抗倭将士的英勇事迹，龙湾宁村百姓在每年的农历七月十五举行汤和信俗活动。2008年，汤和信俗入选第二批国家级非物质文化遗产保护名录。

汤和信俗是温州地区一项重要的民间信仰活动。它的信仰范围之广与活动仪式之隆重，为温州地区所罕见。

从其文化源流来认识，汤和信俗与瓯越历史上的民间信俗有着极为重要的内在联系。龙湾的民俗文化丰富多彩。汉代时，温州建立"东瓯王国"。当时，"东瓯王敬鬼，俗化焉"，民间"尚巫渎祀"之风甚盛，并有"端午竞渡，用以祈赛"之俗。隋唐时，温州一带"尚歌舞"（《隋志》），并以歌舞娱神。宋代，俗信巫祝禁忌，好佞佛，并信仰海龙神，"奔走拜伏，咒诵呋杂"（宋·叶适《水心集》）；同时，元宵灯会、端午竞渡之风颇为盛行。至明代，灯彩民俗进一步发展，有首饰龙灯、走马灯、珠囤以及竹丝、料丝、麦管诸灯（姜淮《岐海琐谈》）。

从历史文化沿革来认识，明代是龙湾历史文化发展的鼎盛时期。时至今日，形成龙湾文化三大元素：名人文化、民俗文化、古堡文化。明代的龙湾是中国沿海抗倭的前沿阵地，也是中国抗倭文化的代表地区之一。由于明代抗倭军队留在当地生活后，形成了龙湾宁村"百家姓"的文化现象。汤和信俗也就成了"百家姓"文化与温州文化的综合体。

从信俗文化多元性来认识，汤和信俗除了民间神信仰之外，还具有敦伦睦族、慈善教育、生活习俗的"民生性"和血脉传承的"亲情力"。慎终追远，当人间的祖孙亲情遇上神灵崇拜的集体潜意识时，祭神即行孝，敬神亦敬祖，两种文化碰撞、重叠、融合，迸发出无限的生命力。

汤和信俗是龙湾地域历史文化的淀积与精神的活化石，具有自然形成的特性和强烈的地域历史文化传承力。从某种意义上来理解，汤和信俗是龙湾地域文化的特色与标识，熔铸着地域文化的性格和情绪。它是龙湾文化系统的一部分，凝聚着龙湾人的情感、信仰和心绪等深层次的人文精神，对民众心灵起着潜移默化的作用。

民间信俗的非物质文化意义，就是民众潜在的精神生命源泉，有着乡间原生态的文化精神内涵。为了弘扬龙湾地域文化精神，挖掘本土文化内涵，将传统文化转化为现代人文精神资源，我们组织编著了《汤和信俗》一书。此书对汤和信俗的缘起、形成、内容、思想内涵，以及如何保护等问题详细地进行了阐述。这是一本资料充实、内容丰富、史料与现实相融合的具有"田野文化"考察性的民间信俗书稿。编著者为此付出了辛勤的劳动，我们深表敬意。

龙湾区人民政府副区长　汤筱疏

2013年11月

汤和信俗概述

汤和信俗是温州民间纪念明初抗倭先驱汤和的群体性祭祀活动，流传于东郊永嘉场（今温州市龙湾区），已达四百五十多年。汤和信俗主体由巡游、祭鬼（祖）、庙会戏三部分组成，中心内容是巡游。汤和信俗的延伸部分有正月初九的春祭和二月二的『拦街福』。

汤和信俗概述

　　汤和信俗是温州民间纪念明初抗倭先驱汤和的群体性祭祀活动，流传于东郊永嘉场（今温州市龙湾区），已达四百五十多年。

　　每年农历七月十五中元节，汤和子弟兵后裔聚居地——宁村所（今龙湾区海滨街道宁村）都要举行汤和巡游，遍及大罗山麓二十多个村庄约30平方公里，世代流传（仅20世纪50—80年代一度中断）。

[壹]汤和信俗人文背景

　　汤和是朱元璋的儿时伴侣、起义战友，明朝开国元勋。他在花甲暮年受命兴建东南沿海五十九座防倭城堡，温州龙湾的宁村所即其一。留驻宁村所的兵勇，即成该村第一代居民。在以后二百五十年的倭患中，宁村所城成为永嘉场人民的一方保障。嘉靖末年倭患平定后，人们缅怀汤和、悼念倭难中的亡魂，遂形成以"感恩"与"祈福"为内容的汤和信俗，汤和被衍化为永嘉场的保护神——城隍爷。

　　汤和信俗主体由巡游、祭鬼（祖）、庙会戏三部分组成，中心内容是巡游。

　　汤和信俗的延伸部分有正月初九的春祭和二月二的"拦街福"。

　　巡游出发前，在汤和庙内的神像前举行隆重的"排衙点将"仪式，扮演的神将、神吏、神役、无常及凡间还愿的"罪人"、"囚犯"，在祭过汤和神像后依次出庙，最后，地方父老簇拥着香亭和神像随行。

　　巡游队伍由仪仗队、戏曲马队以及庙内神像前"排衙点将"出来的香亭和神像组成，一般三百至五百人。途经二十多个村庄，行程约15公里。

　　1994年恢复巡游以来，形式与内容都起了质的变化。内容在祭祀汤和、布施倭难亡魂的基础上，融进了富国强兵、爱国主义的内容展示；在扬善除恶、因果报应的基础上，结合了反贪倡廉、环境保护等社会主义精神文明宣传。形式上在原有传统巡游队伍中，加进大量群众喜闻乐见的时代歌舞节目。

　　参加巡游人数增加到三千人左右。宁村倾村出动，凡能出门上路的人都参加了，年长的八十多岁，年幼的五六岁。许多远在东北、西北、西南经商办企业的人，都专程赶回来参加巡游。不少人家特邀亲戚看门。

　　巡游的范围扩大到四十多个村庄，行程约25公里，沿途人山人海、万人空巷。龙湾全区约二十多万人（总人口为四十万）参与了这场文化盛典。而规模如此巨大的文化活动，每年费用都在百万元以上，全部来自民间自筹，政府零开支。

汤和信俗的形成有其地域文化因素和历史因素。

汤和信俗形成的地域文化因素是："瓯居海中"，温州市区的东郊龙湾，古时为一片浅海，龙湾疆域原由江水、海水中的泥沙淤积、人工围垦而成。天人合一，成就了大罗山麓这个"沧海桑田"的现象，为人们提供了生存空间。所以在形成这片土地的历史经纬中，大自然的功效是主线。生活在这片土地上的人们先天地形成了感恩自然、敬畏自然的心理情结。

由此出发，人们在社会实践与生产斗争中，又逐渐衍化为"神灵崇拜"的精神诉求。村村、家家、人人都有保护神。神灵崇拜的民风习俗，在龙湾区域的传统文化中，形成了与儒教文化一雅一俗的"两元"并存。

在汤和信俗的成因中，移民文化也是个重大因素。龙湾人是个巨大的移民群体，这个群体精神的基本特征是"不安现状、奋发进取"，因而离乡背井，跋山涉水，千里奔波，来到大罗山麓"淘金"。这也就构成了他们特别能吃苦、能创业的精神支撑。手使的铁板（锄头）重5斤，全国少有；田地称"世耕"——世代耕种，天下未闻。"求财"、"做家私传子孙"的愿望特别强烈，于是笃信求神庇佑，以消灾赐福，荫子荫孙。尤其是他们祭祀的是专管民间祸福的一方之主——城隍爷。

汤和信俗形成的历史因素是：明代倭患血与火的记忆，世代流传在东南沿海地区，衍化出宁村后裔对先祖的缅怀，永嘉场人民对保护神的感恩。缅怀祖德融入神灵崇拜，迸发出巨大的能量！

天人合一形成疆域的生存环境，从而衍生出神灵崇拜的集体潜意识，聚合移民精神中求财、祈福的基因，构成了汤和信俗厚实的人文背景。

一、"天"赐疆域

龙湾位于温州东郊大罗山东麓，古为一片浅海。战国时无名氏《山海经》卷十"海内南经"载："瓯居海中。"晋代郭璞为《山海经》"瓯居海中"作注曰："今临海永宁县，即东瓯，在岐海中也。"

郭璞说的"今"，应当是公元300年左右。因他生于公元276年，卒于324年。郭璞说的"东瓯"，即温州，明代弘治《温州府志》卷一开章第一句即"温，古东瓯也"。清代郭仲岳《瓯江小记》载："海东之国曰温州，在汉时称'东瓯'。"

郭璞说的"岐海"，"即海之岔湾也"。

因此可认为：在公元300年之前（即西晋之前），温州虽已成陆（称永宁县），但仍处于浅海的包围之中。据浙江省区域地质测量大队1973年绘制、浙江省地质局审查出版的《浙江省地质图》显示，大罗山是隔于浅海之东的一座孤岛，龙湾平原尚是一片汪洋。

龙湾平原的形成是天人合一的结果。800里瓯江挟带着沿岸括苍山脉风化了的沙石流，涌向浅海；一天两涨两落的海潮又搅动着泥质海底的沉积物冲向岸边。当两类泥沙颗粒物质相遇后，产生物理、化学变化，形成丰富的淤泥细粒。高平潮时每立方米的含沙量为1.1公斤，低平潮时为3.4公斤，其中海水潮流携带量占88.7%，瓯江水流携带量占11.3%（见《温州市水利志》"第四章海涂资源·第一节海涂淤长"）。当泥沙颗粒重量超过海水挟带能力时，便下沉堆积。于是，在海潮涨落的范围内，潮平静止时逐渐沉淀淤积，形成水底淤泥层，学界称之为"海相沉积物"，俗称"青紫泥"。铢堆寸聚，日积月累，顺着大罗山麓坡度，形成黏土淤泥层，逐渐露出海平面，

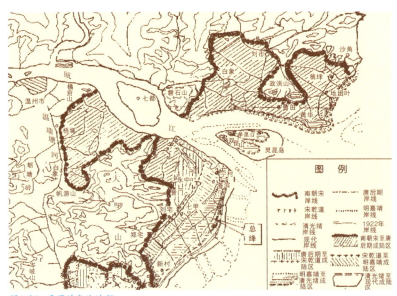

瓯江河口平原的成陆过程

厚度达60—98米，接受阳光暴晒，水分蒸发，经空气的氧化作用，渐成"硬壳层"。这便是供人民生存的陆地。

大自然的造化孕育了龙湾平原，生活在大罗山冈上的先民们结束了"进山打猎、下海捕鱼"的原始生活，开始走下山坡，迈向平原，向刀耕火种的农耕社会过渡。

进入新环境的龙湾人，又面临着新的生存挑战：海滨平原一天两次潮汐光临，夏季更有台风洪潮侵袭，为了创造在平原立足存身的生存条件，濒海出现了他们创造的捍潮护地的堤塘。《越绝书》就有瓯越人"积沙成堤，以捍潮势"的记述。筑堤捍潮，成为龙湾人谋生的传统手段。

随着大罗山麓淤积陆地的逐渐东扩，龙湾人朝着海边层层筑堤圈地，亦步亦趋像孩儿追随娘。自唐到明的八百年间，大罗山下已初步形成了以十八个名"岙"（岙，浙江、福建等沿海一带称山间平地——《现代汉语词典》注释）的村落为主，由四十三个村庄组成的环山聚居带，和由"上横

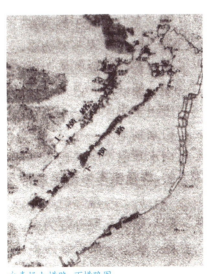

永嘉场上横路、下横路图

环山聚居示意图

"路"、"下横路"组成的平原聚居带。陆地面积100平方公里左右。

海潮冲积，人工捍地，形成了龙湾人的生存环境。大自然恩赐了土地，大自然又驱使风浪侵袭人的生命财产安全。于是这里的人们感恩自然又敬畏自然，这也就成了龙湾社会的集体潜意识。

二、神灵崇拜

龙湾人感恩大自然填海成陆的慷慨赐予，又屡受大自然兴风作浪的侵袭之苦。史载台风洪潮为患不绝。历代择其要者如下：[1]

唐高宗总章二年（669年）六月某日，永嘉、瑞安两县毁屋六千八百四十八间，溺亡九千零七十人，损田4150顷。

[1] 明以前据弘治《温州府志》载，以后据沈克成著《温州历史年表》。

　　宋孝宗乾道二年（1166年）八月十七日，"水满温州城垛齿"，潮退浮尸蔽江，沿海各地溺亡两万人，一片废墟，人物俱空。

　　元成宗大德元年（1297年）七月十四日，浪高两丈，毁田44000余亩，屋两千余间，平阳瑞安两地死六千余人。

　　明洪武八年（1375年），台风洪潮袭侵沿海四县，浪高三丈，人畜溺淹惨重。

　　清道光廿八年（1848年）七月，台风洪潮水平楼板，人畜漂溺不计其数。

　　民国元年（1912年）8月27日洪潮毁民房34.61万余间，淹田40.1万余亩，受灾人口达五十九万四千一百余人。

　　新中国1994年8月21日，十七号台风在境区梅头登陆，全市毁屋一百万余间，淹田9.8万公顷，颗粒无收4.6公顷，死一千一百二十三人，直接经济损失达95亿元。

　　面对大自然的侵袭，人们深感自身力量的脆弱，逐渐幻想在物质世界之外，能得到一种超现实的第三种力量的庇佑，于是塑造了神，产生了神灵崇拜。明弘治《温州府志》载："汉东瓯王敬鬼，而瓯俗多信鬼，乐巫祠。"历代志书均有鬼神崇拜的记述。民间普遍信奉道教、佛教。前者的殿、庙、宫、观，后者的寺、院、庵、堂，全区星罗棋布。

　　民间认为信奉佛教是"修来世"，而信奉道教是"保当前"。崇敬鬼神盛行，求神保佑成了人们的精神寄托。

全区神庙林立，上规模（面积在100平方米以上）的总计为二百一十二所。其中，2008年区宗教局登记在册的一百九十二所，根据各镇、街道方志记录又有未经登记批准的二十所，其中建筑面积1000平方米以上七十八所，占37%。

此外，尚有建筑面积在10平方米左右的"佛殿儿"和只摆个香炉、高宽一米左右的小"佛殿儿"，以及无遮无拦、专供祭祀无名鬼怪的露天香火点，遍布村头巷尾。

（一）神祇类别

1. 跨地区保护神

龙湾人跨越区界，到外地道观祈求庇佑的保护神。

大若岩

永嘉大若岩"胡公大帝"，龙湾民间历来有逢秋结伴雇梭船上大若岩祭祀胡公爷的习俗，近年来随着人们追逐财富欲望的增长，人数骤增：如沙城镇五甲全地四个村计两千二百二十九户，2007年上大若岩祀神的有一千六百七十三人，占总户数的75%。

圣井山

瑞安圣井山"许府真君"，传说张璁出仕前曾"圣井求梦"，梦见目钉柱

白衣土地庙

上，后入相（"目"加"木"）。龙湾人笃信其灵验，近年来正月进香人数在万人以上。

青田阜山"白衣土地"，龙湾每年前往进香者约千人。

2. 本地区保护神

本地区（龙湾地区）立庙祭祀、影响普及的保护神有五尊。

"城隍爷"汤和，即汤和信俗祭祀神。

"永强宫主"杨府爷，明嘉靖年间里人于黄石山麓（北山）建庙

东瓯圣王

祭祀。信徒遍布永强，故号称"永强宫主"。自古以来农历五月十八，永强各地龙船都集中在庙前的河中"斗龙"，祭祀寿诞（20世纪50年代后渐废）。

"陈氏圣母"陈十四，"陈氏圣母"香火遍布龙湾，全区计有大小"太阴宫"三十座，占全神庙总数二百一十二所的15%。

地主爷，东瓯王驺摇，原永嘉场区域内祭祀东瓯王的计十一处，其中为主神的七处，配享的四处。

"郑使侯王"郑老爷，宋宝祐五年（1257年）建庙于沙村，嗣后石浦、上吴、南桥、镇南各村分得香火，相继建庙。

郑使侯王庙

3. 村庄保护神

每个自然村均有一尊或数尊保护神。村民逢年过节,虔诚弟子每逢朔望,均进殿焚香燃烛、顶礼膜拜。凡村中庙会,以本村保护神为主神,邀请远近神祇,莅临共享盛典。以汤和庙所在地海滨街道为例,如表:

龙湾区海滨街道村庄保护神概况

自然村名	行政村名	保护神名称	形成时间	备注
沙城头	蟾钟村	陈十四娘娘	1805年	太阴宫
中路5号	沙南村	海神宫主	明朝	下垟观
建新	建新村	陈十四娘娘	1889年	太阴宫

（续表）

自然村名	行政村名	保护神名称	形成时间	备注
上殿中路	沙中村	郑使侯王	1257年	忠烈观
桥头宫	沙中村	陈十四娘娘	清初期	太阴宫
机场北路	教新村	张大元帅	1351年	元帅爷殿
山水井井头		陈十四娘娘	清朝中叶	太阴宫
廖宅	教新村	李太保	清朝	太保爷殿
北新路	北新村	陈府爷		陈府庙
城东	城东村	陈府圣王	明朝（1522年）	陈道宫
城东	城东村	陈八大王	清朝	陈八庙
南门	宁村村	陈十四娘娘	明造清重修	太阴宫
东门	宁村村	陈府爷	明造清重修	三王观
西门	宁村村	玄坛爷	1389年	玄坛观
西门	宁村村	汤和	1528年	汤和庙
北门外路18号	江一村	陈十四娘娘	明嘉靖年间	太阴宫
蓝田荡		五岳圣帝	明朝	五岳观
计衙		天后娘娘		
陈十四		天妃宫		
纺车盘	蓝田村	王府爷	明朝	三府殿
沙前街269号	沙前村	陈府圣王	1927年	陈府庙
小陡门	小陡村	岳扬陈三府	明嘉靖十五年（1536年）	三府观
小陡门	小陡村	水母娘娘	宋朝	水母宫

4. 家庭保护神

除信奉天主教、基督教者以外，每户人家都供奉"三官大帝"、"土地尊神"、"灶神"三尊神祇。保佑"家门清吉、赐福禳灾"。

"三官大帝"，"三官"即"天官、地官、水官"（《辞源》注释）。每座住宅的门头左檐下，均挂一竹骨纸糊、直径约30厘米、上贴"三官大帝"红字的灯笼，称"三官灯"。每晚点燃，新中国成立后渐冷落。

三官灯

"上间佛"，即土地爷。每座住宅的"上间"——正中间照镜前设香案（俗称"长条桌"），供"土地尊神"、香炉、烛台，逢年过节祭拜。随着旧房改造，土地爷随"上间"的消失而废除。

上间佛

"镬灶佛"，即灶神。每户人家的镬灶烟囱之上，置有砖砌的宽约20厘米、高约40厘米的神龛，内贴灶神画像，两旁贴"上天奏好事，下界保平安"对联，上贴"东厨司命"横额。前置香炉和烛台。

5. 人身保护神

生下男丁，从襁褓起至成人结婚

镬灶佛

止，拜一处神祇或数处神祇为"亲爷"、"亲娘"，俗称"亲太"。

每月朔望要向神"献饭"，一盏饭一盏"配"（一般为一双朱梅），焚香点烛祭拜。叫作"向菩萨讨饭喫"，祭后教男丁食用，直到结婚后停止。

20世纪80年代实行计划生育以来，子女更珍贵，此风尤烈，并出现给女孩"献饭"的情况。如永中街道新城村约九百户，有献饭的计六百来户，其中女孩为二十五户。全村除信奉天主教、基督教两教一百五十户外，献饭户占80%。

（二）祈神活动内容

献饭

祝寿演戏、唱词 每年各庙主神寿诞，历来有"演戏上寿"习俗。故寿诞即为庙会。

此外，也有庙小以唱词祝寿的，如七甲一村的五通庙、

唱词

演戏

斗龙

七甲四村的太卢宫。唯"永强宫主"杨府爷的寿诞五月十八是"斗龙船"，场面蔚为壮观，新中国国成立后废止。

开春"点新年灯" "新年灯"即向神灵拜年。每年正月初一子时起，各村村民中除少数信基督教、天主教者外，普遍上各神庙点燃香烛，躬身三拜，跪地三拜，起立后再躬身三拜。祈求神灵在新的一年中驱灾赐福，保佑全家平安、发财，称"点新年灯"。普及率达总户数的80%左右。其中有些人还奉献香金，从神像前领回象征发财的金元宝（塑料镀金）。各村保护神新春收得香金均达数万元。海滨街道宁村的城隍庙正月初一即收香金二十万元。

"点新年灯"有争点头盏灯的习俗，所以各庙在除夕半夜（十一时）起，人们即争先恐后地上灯，通宵达旦。如海滨街道宁城村

点新年灯

的八百七十户中,除信基督教、天主教的一百七十四户外,其余
六百九十六户家家上城隍庙(即汤和庙)"点新年灯"。为了解决争点
头盏灯的矛盾,村民一致推让头盏灯由村委会点燃。

每月朔望上香 每月月初、月中(一般为初二、十六)两次,向神
庙上香,求财保平安,称"点发财灯",在办企业与开商店的佛教信
徒中,极为普遍,户户涉及。

冬至还愿、谢恩 每年冬至前,农事已毕。村民中凡春头在神
前许过愿的,纷纷上神庙还愿。烧香燃烛,摆上祭品,感谢神灵一

朔望上香

冬至还愿祭品

年来的庇护。冬至还愿的户数略逊于春头"点新年灯"。祭礼除香烛外，祭品一般为"二牲儿"，即桃糕做成的猪头与猪腿，此外，还要肉、鱼、豆腐、虾干、豆芽等附件，称"呈牲"（搭配的牲礼），凑足六样。

隆重的祭品为"三牲福礼"，即一个猪头和一条猪尾、一只鹅、一只鸡（要全内脏），附加祭品有鳗鲞、鱼、肉、虾干、豆腐，凑足八样。

近年来，随着物质生活的丰富，"三牲"外加山珍海味，祭品多达十八种，水产品类有鲜鲫鱼、鳗鲞、虾干、鲜蛏、目鱼干；素食类有豆腐、豆芽、香糕、松糕、饼干；果品类有柑、橘、枣、桂圆、荔枝、香蕉。

年底"更冬" 腊月将尽，家中外务已毕，表示更旧迎新，家家备办祭礼，一般人家为"二牲儿"，少数人家为"三牲"。上神庙祭奠，祭品即作为分岁酒菜看。

"二牲儿"

（三）人神共处

所有的地方神都是凡人的神化，这充分表达了人们尚善贬恶的价值观念与达观向上的精神追求。龙湾人又将一些神人性化，高高在上的神祇被邀回人间，与他们亲密无间地"生活"在一起。

神像由珍贵木材雕成，大小同人，坐状，穿戴衣冠。一年一度，轮流寄寓民家。这充分体现了"神人合一"、鱼水相依般的和谐与温馨。

1. 神祇其人

地主爷　东瓯王驺摇，为开发东瓯之人文始祖，故俗称"地主爷"。清咸丰年间八甲父老从温州华盖山麓东瓯王庙分得香火，塑像祭祀。

海神爷　"善济侯王"李德裕。据传，明洪武年间，海神石香炉随潮漂至七甲海边，该地父老立庙于后社。数年后，前社又分去香火，另塑神像，轮寓民舍，追求"神人一家"。

水城隍爷　平水圣王周启雄，因治水功高，宋孝宗敕封为护国平水圣王，民间俗称"水城隍爷"。

郑老爷　忠烈侯王郑生，沙村于宋宝祐五年（1257年）、石浦于明嘉靖三十八年（1559年）相继建成"忠烈庙"。以后南桥、葶芳、榕树下三村父老去分得香火，在南桥村塑像祭祀。

东岳爷　"忠靖圣王"温琼。下垟街九村从温州东岳殿，分得香火，塑像祭祀。

玄坛爷　玄坛元帅赵公明，招财爷。

2. 入驻民户

当地视驻神为大喜事，竞争激烈。八甲一地四社，每年在值年社中选定一户入驻神像。七甲前社由项、王、章三姓轮流值年。从值年姓户中择定一户为驻神户。

入驻条件 平屋，上间高大，环境开敞；开有后门——马桶等不能出门头、经神前；主家要家门清洁，人丁安康。

入驻程序 在来年的值年社中选出数户，由神前求签或打卦决定一户。

入驻过程 元宵节前，中选的新驻户要打扫好环境，在屋前竖起一对连根带叶的毛竹，上挂写有神名的黄旗，旗下挂戴雨帽的灯笼。从老驻户处搬来神龛香案、头牌执事，安置在上间，十五深夜神像巡游归来，在门口"打火堂"（点燃一扎稻秆），放鞭炮迎神入座。十六至十八唱三天三夜"安位词"，听众可免费享用夜间点心。

入驻后服务 点旗灯：每晚点燃屋前毛竹顶上的两盏灯笼。上香烛：每月初一、十五神前点香燃烛。换袍巾：古历三月脱去过节的礼服——蟒袍，换上春装；九月换上秋装；十一月换上冬装。这三次都是便服，除夕又换上蟒袍。地主爷是每换一次服，唱一次词。

3. 借名围垦

龙湾的疆域由浅海滩涂淤积，龙湾人层层筑堤、步步围垦而成。《越绝书》就有瓯越人"积沙成堤，以捍潮势"的记述。在凌厉的"潮势"前，人们自感力量的微弱，就寄希望于冥冥之中力量无边的

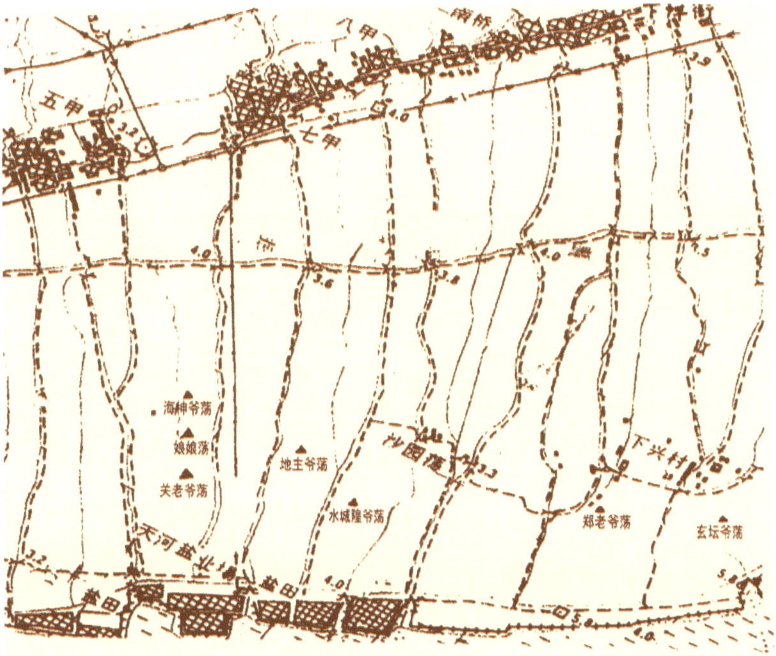

因借名围垦而形成的城市地名图

神灵，借神灵的号召力动员人们投工围垦，以求庇护。于是就出现了
以地方神命名、围垦而成的地段：有海神爷荡、娘娘荡、关老爷荡、
地主爷荡、水城隍爷荡、郑老爷荡、玄坛爷荡。自南向北沿海岸而
置，不下千亩。其中部分为地方神的"众田"，收入作为抬佛、庙会、
祭祀的开支，其余均为户有。

三、励志民风

龙湾人都是南宋乾道二年（1166年）洪灾后的移民。当年灾

后，龙湾平原人畜俱殁，一片废墟。政府传檄四周移民补籍。如沙城街道2010年第六次人口普查中，全镇共计八千零六十四户，内一百户以上姓氏计十三姓，始祖入迁时间和原籍如表（内夏氏为2000年珊溪水库移民）：

姓氏	户数	人数	入迁时间	迁自何地
沈氏	448	2107	南宋端平二年（1235年）	由处州迁瑞安，又迁永嘉、瞿溪，再迁此
林氏	495	2442	南宋淳祐元年（1241年）	福建赤岸
汪氏	340	1673	元至元年间（1264—1294）	江西玉山
孙氏	566	2661	元至治年间（1321—1324）	由福建迁瑞安演下，再迁此
章氏	898	4121	元至正年间（1341—1369）	始由福建浦城迁永嘉，再迁至此
叶氏	149	693	元至正十九年（1349年）	由处州龙泉迁永嘉德政，再迁此
陈氏	335	1472	明洪武元年（1368年）	永嘉楠溪茗岙
项氏	2492	11690	明洪武戊午年（1378年）	青田菰溪
王氏	340	1625	明初	由福建迁温州城区，再迁此
孔氏	568	2764	明正统二年（1437年）	由山东曲阜迁瑞安、顺泰演下，再迁此
杨氏	601	2831	明正德年间（1506—1532）	乐清
邵氏	153	663	明嘉靖甲寅年（1554年）	由福建赤岸迁永嘉太平里，再迁此

移民们为改变现状，追求新生活而不惜离乡背井，千里辗转，万里奔波。所以移民行为就是挑战命运的开端，移民精神具有奋发向上的自觉性。怀着淘金理想的龙湾移民们，在龙湾特定地域文化的砥砺下，又形成了独具特色的龙湾民风。

（一）勤劳刻苦

龙湾人自古崇尚勤力，鄙视懒惰。人品优劣是以勤与懒来区分的。

天天有事干　龙湾全区一百四十七个行政村，耕种的土地除六个村外，全部兼有水田、旱地。晴天上园，雨天下田，晴雨不误。一个劳力常年出工在三百三十天左右，民谚曰："正月初一开田眼（牛犁不到的田角），不算勤力不算懒。"称"勤力"，田角不应拖过年；称"懒"，正月初一就出工了！

时刻不耽误　起早摸黑，早出晚归。常年每天四餐，农忙主妇闻鸡起床做饭，早晚灯下吃饭。早中餐之间加"小接"，中晚餐之间加"接力"。除早晚两餐在家用外，其余几餐都由半劳力送到垟间，以节约往返时间。

凡滩涂、近海的捕捞作业因适时潮候，需下午出工的，上午均先下田劳作；傍晚捕海收工早的，也即下地农作。有七甲项焕荣（1903—1988）者，打罟网归来，到下垟田挑回草子。由于过分劳累，过水沟跌倒便睡熟了，吓得全家人一夜未睡，四处找寻。他一酣到天

田头送饭

大亮才回家。

家家有副业　人多地少（1984年，全区人均耕地为0.57亩；2002年，人均为0.26亩），只得谋生于农耕之外。全区计有各类副业百余项，最普遍的是养鸡、养猪、抿苎、织网。民谚曰："三个网爿（织网工具），抵把铁板。"靠山的"上横路"有开岩、斫柴，各种手工如抿牛筋、打草苫、做砖瓦等；濒海的"下横路"有滩涂、潮间带、近海的各种捕捞。20世纪三四十年代七甲七百来户中，从事近海打罶网的达二百七十户左右，占总户数的40%。

养鹅鸭

村村无闲人　全区自古以来无茶馆，中国科学院研究员、本地寺西人叶祥奎（1927—2012）当年考大学被作文难住了，因为题目是《家乡的茶馆》。永嘉场农民无午睡习惯，每天平均在田间劳作十二小时左右；少年便"八岁供柴仓、十岁供米缸"。民国十九年（1930年）有七甲后半房十二岁项公桃，凌晨出门赶早潮下海捕跳鱼，遭野狼吞噬，落下个尸首不全；妇女古来勤于纺织，弘治《温州府志》载："有夜浣纱而旦成布者，俗呼'鸡鸣布'。"

土黏泥硬，耕作辛苦；家居距田地远，往返劳累。农忙一天五

月下织网

灯下纺纱

餐。龙湾人特别能吃苦。

铁板重 淤泥黏，铁板长且重。长尺二、宽六寸、重五斤。口刃有讲究：用八两白口铁分十八次锻打而成。亮如雪，利似刃，锐若斧，掘着了石块火花一溅。装上一条齐眉高的"犁柴"（做牛犁用的硬木）柄，重量达八斤。较之外地的锄（苏北锄5斤、锹重4.4斤），重量将近超倍。一天挥动达十余小时，起落逾两万次，劳筋损骨，两手掌磨得老茧如壳。一年下来，尺二铁板变尺一！

扁担韧 犁柴扁担长5市尺，中间厚宽1×1.8市寸，两头渐薄、小，呈弧线，精致光滑，富有弹性，代舟代车。通常担百多斤，力气大的能挑400来斤。男人两肩均磨成一块三指见方的褐色厚皮，俗称"担肩"。颈后压成一块米饼大小的肉疙瘩，称"牛肩"。新中国成立前七甲有人担糖到宁波卖，挑回土特产，往返1200来里。早年东林人林永连常担四五百斤，最多挑过800斤，绰号即称"八百姆"（其乳名"奶儿姆"）。

路程远 依山傍海，居住处集中在下横路、上横路聚居带。

下横路距海5公里左右，日常出垟劳作平均走4—6公里路程。上横路距山园更远，一般在10里左右，如度山头、前街、庙上的山园都在底山,往返20里左右,如前街的山园远在20里外的陈家坟。一路翻山越岭,尤其要登上长200米、陡45度的"西山落"。所以前街人春夏间都要在日出前赶到10里外的"西山落",否则太阳一晒挑着重担就上不了岭了。出门担肥料,归家挑农产品,往返从没空手的。俗语"百步无轻担",路远担重,劳动强度极大。

(二)出色节俭

龙湾寸土寸金,这里的人们省吃俭用,追求敛财"作家私"。有民谚曰:"跌倒烂泥抓把回。"

省柴火 很少烧菜,都置饭镬上蒸。灶上有嵌罐,热汤盥洗用;灶洞内置手罐儿,热成开水冲茶用;灶门上悬汤罐,灶膛内埋煨罐,煮猪食用。

嵌罐、手罐儿

省土地　春头番薯苗小，垄两旁一种白豆，一种绿豆。两垄间栽几株粟米。两个月后薯苗成藤，正好绿豆收成。留下长高了的白豆与高挺的粟米。番薯与套种植物两不相误。

省衣食　食果腹，衣蔽体。不论贫富，每天一干两稀，一般人家下饭为自腌咸货白鳝生、虾子和自种的豆、菜。冬穿自织粗单布衣裳，夏穿自织苎布衫。一件衣服穿十来年："新三年，旧三年，缝缝补补又三年。"劳作穿草鞋，平时穿蒲鞋，过年、做客换布鞋，有人甚至从结婚到临终只穿一双布鞋的。睡觉必赤膊，认为"一夜顶穿七天"。消费观念是：一买田，二起屋，三穿戴，第四才是吃食。认为"喉咙深似海"——无底洞。

（三）积极进取

龙湾人求生求富、争强争先之心特别强烈。历经岁月磨砺，终于孕育成"自强不息，敢为人先"的温州精神。

积聚　龙湾人"做家私传儿孙"的观念根深蒂固。民谚"葬坟也要荫儿孙"——死后入土还要造福儿孙。储蓄的理念是 "钱要塞在泥块下"——积钱买田地。历年开春到田间"发市"（即开工）时，掘下第一锄，口中必念"呸煞扫，大吉大利，买田买地"，也有加念"三百亩买上河乡，四百亩买本地"的。

日常生活开支一个铜板掰开用；买田、起屋则奉行"赤字政策"。习惯认为办事只有"负债经营"，事后才会兢兢业业地还债，

天下太平

铢积寸累地谋发展，发家致富。

　　争先　好以别人、别地为对照系，攀比、争强好胜，力图超越别人。例如：全国龙灯都只能"一条龙"地滚舞，而永嘉场龙灯另辟蹊径地将龙头、龙尾分开，灵巧地舞出"天下太平"、"人口太平"、"光天化日"、"上元大吉"、"代天行化"等二十余个字来。别地的龙船旗小、船身简朴，而永嘉场龙船全身彩扮，头尾精致，还添了花枝招展的"龙船囡儿"。尤其是旗大如被，"一旗抵十桨"地将旗作为动力；旗上各有四字旗号，世代传承，成为该村文化品牌。

　　创新　龙湾人善于模仿，学后又好标新立异。如打罟网：清时由苍南石界河传入。石界河罟网五人一对：回艚二人，网艚三人。出

龙船大旗

网时网艚需四人（三人划船、一人出网）。回艚只剩一人。而永嘉场罳网改为六人一对，两船各三人，出网时网艚四人、回艚留有两人划船。两船力量不相上下，能保持船与网的距离，显著地提高了产量。

再如糖蔗于20世纪30年代由瑞安马屿传入，龙湾人肯吃苦，创造了伏天加泥浆的办法——从浃底掏出泥浆，施于糖蔗根部。蔗叶似锯，裸露的脸、颈、臂、腿上伤痕累累，汗渍伤口，若刀割火灼。个中辛苦，难以言传。可是正处于生长期的糖蔗，在伏天高温苦旱下，得到水分、肥料的充分供养，产量很快高过老产地，跃为全市主要产糖区。马屿历来煎糖沿用"梅花灶"，龙湾创造了"一字灶"，大大节约了燃料，提高了出糖率。

打捕网

加泥浆

（四）崇尚道义

弘治《温州府志》称誉："永嘉道德之乡，贤哲相踵，风流犹存。"万历《温州府志》称"永嘉尚礼文"。故龙湾崇尚礼义之风，自古流传，随着岁月流逝，沧桑迭变，礼义古风又融进了时代精神。

感恩　滴水之恩，涌泉相报。龙湾民间知恩报恩之风自古盛行。例如1988年版《浙江省瓯海县地名志》中收有永强片的古桥三十六座，其中三分之一是表示对先人的感恩和缅怀之情。如翁婿桥、五芳桥、拜圣桥、衣冠桥、诸募桥、先生桥、集贤桥、英桥、榜眼桥、范公桥、大郎桥、赖君桥。入志的尚有状元桥、三郎桥、御史桥、朱桥、洽桥、张家桥、汤家桥、何家桥、章家桥。以路名或地名表达的有阁老路、怀汪巷、百川亭、金家池等等。这种以桥名、路名、地名来表达感恩情怀的，遍览邻区都少见。

报恩坊

永昌堡王氏，因不忘故主英家，遂自号英桥王氏。普门张氏，张璁为报答其嫂季氏抚育之恩，除在下垟街季宅树立"报恩"牌坊外，其族人后裔历代祠堂酒，均请季氏族长坐头位。白水刘宅始祖曾过继何家，现将何墓修葺得胜于始祖墓。历年清明先祭何墓，后祭祖墓（近年来变为分头祭拜）。四甲孔氏，感念当年傅家收留之恩，历代修谱均附修傅氏谱。东林林氏，当年始祖过坦头进山斫柴，途中得坦头许姓人家供茶借坐，遂成世交，双方族内喜事，人情往来延续至今。

恻隐　"恻隐之心"是龙湾民间的优良传统。早在元代，沙园地方有富户王寿大（王璞曾祖），"每雪后，视里有不举火者，辄周之"（清孙衣言《瓯海佚闻·王氏有隐德》）。这种扶贫济困的美德世代流传。历代荒年施粥，暑天烧伏茶，慈心善行不乏其人。如20世纪30年代有社会人士张朴士、王鸿初、李炳霖、张成进、何植桂、张志千等人在永中沙河与永昌坦头筹建两处"冥葬所",为童尸与穷人棺木提供安置场所,又组织"永强善济社",为无钱办理后事的人家免费提供棺材。又如七甲"长春堂"的免费膏药、眼药、疥疮药与暑天的两缸伏茶,自清同治年间一直延续到新中国成立,三代人八十年传承不辍。沙园村在1985年兴造"康一乐园"时,在园中盖了一座建筑面积达250平方米的"望烟楼",以缅怀祖上"雪中送粮"的善行,敦促后人弘扬祖德。

公愤 龙湾以鱼盐为主要副业的多元化经济格局,商贸经济促使人参与社会活动,故龙湾人性好合群、爱护群体、关心社会,好作义愤填膺之举:明时抗倭中有"王氏义师"坚持八年抗倭,号称"永嘉场长城",王德、王沛等喋血战场;筹建永昌堡一呼百应,自力更生,历时十一个月竣工。20世纪30年代抗日战争中,永强人民抗日后援会发起了全区性群众集会与游行,项浪平登台演说,声泪俱下。台下万众一心,振臂高呼,义薄云天。

20世纪30年代八甲有巫人杨乡镇,作祟乡里,族众设计诱骗其入祠吃酒,趁其不备,众人以石灰袋蒙头套颈毙之。

诚信 立身处世,以诚信为本。人际间交往,讲究信用。古话:"牛皮上写字比不得人老实。"

早年打罾网渔民春头从一家鱼贩手中领了生产资金后,称"船头银",一年产品即归该家鱼贩经营。鱼贩定价公道,渔民从一不二。

挨家挨户妇女捻苎织网，从苎麻店预领原料——苎或线。老客户在店里账簿上记下姓名、斤数，新客户只答对本地士绅姓名，即可在账簿上按上指模领料。一间店一年放出的苎和线少则5000至6000斤，多则2万至3万斤，领料者成千上万人次，人人如数归还，从无领料不还者。

悠悠岁月，正是上述地域文化的积淀，构成了孕育汤和信俗的人文土壤。

[贰]汤和事迹及信俗缘起

一、倭患形成

倭 古代中国对日本的泛称。首见于《山海经》。《汉书·地理志》载，"乐浪海中有倭人，分为百余国"，可能指以北九州为中心的许多小部落国家。

《后汉书·倭传》载，光武帝建武中元二年（公元57年），"倭奴国奉贡朝贺……光武赐以印绶"。1784年在福冈市志贺岛发现的"汉委奴国王"金印证实了此事。

一般认为，"委（倭）奴国"即北九州博多附近的傩县。这说明公元1世纪中，日本北九州一带已与汉朝交通。

桓帝、灵帝时期（147—189），倭国出现了女王卑弥呼治下的邪马台国，辖有伊都国、奴国、斯马国等二十多个小国。另外，日本列岛上还有不隶属邪马台国统御的拘奴国。

关于邪马台国的位置，日本学界有九州说和大和说之争，迄未定论。

曹魏正始年间（240—249），卑弥呼死，国乱，渐衰，中断了与中国的交往。

倭寇　指古代日本海寇。日本古称倭奴国，故中国古代史籍将这些日本海寇以及后来与之勾结的内陆奸民，通称为倭寇。

元末明初，日本正处于南北朝分裂的混战时期。日本的封建主们连年征战，互相厮杀。内战中的溃兵败将和失业的游民逃亡海上，勾结不法商人，对中国沿海一带进行劫掠活动。因中国古代史籍中一般称日本为"倭国"，所以沿海居民把劫掠中国的日本人称为"倭寇"。后来，倭寇与中国沿海一带的奸商、海盗、流氓甚至贪官污吏相勾结，共同进行抢劫分赃。

由于当时海防松弛，倭患愈来愈猖獗，接连不断地侵犯江苏、浙江、福建、广东沿海，到处攻城劫寨，杀人放火，奸淫掳掠，无恶不作。

浙江地处东海前沿，"外而岛屿罗列，内而港汊纷歧，水陆相参，形成要塞。海疆有事，辄首当其冲"，受到的灾难最为深重。早在14世纪初（元朝至大年间），倭寇就骚扰宁波沿海乡镇，攻陷庆元府（今宁波市），杀人无数，血流成河，城内房屋几乎全部被焚毁。

1369年，即明朝建立的第二年，倭寇进犯温州，"中界山、永嘉、乐清、玉环，诸处剽掠，杀人放火，百姓背井离乡，四处逃避"。明洪武十九年（1386年）正月，一批倭寇又大举侵犯浙东……

《明史·汤和传》载："倭寇海上，帝患之……"倭寇不断侵犯东南海疆，严重威胁大明王朝的安全。雄才大略的明太祖朱元璋深谙平息倭患的重要性，可是派谁去主持这一国防重任呢？

当时追随朱元璋平定天下的众多元老徐达、常遇春等人均先后谢世，将才寥落。朱元璋斟酌再三，决定起用唯一健在的、已申请退休的宿将汤和。

二、汤和其人

汤和（1326—1395），字鼎臣，安徽濠州（今凤阳）人，是明代开国皇帝朱元璋的同里少年伙伴，长朱两岁。

汤和成年后身材魁梧，性情豪爽，善于思考，足智多谋。二十七岁时，集结了几名志同道合、身强力壮的青年投奔农民起义军。由于他作战英勇，立了

汤和全身戎装像

几次功，被提升为千户。

汤和洞察时局的变化：元蒙统治必然失败，起义大有前途，于是他想起了在皇觉寺当和尚的朱元璋，捎信约他来入伍。

汤和作战英勇，协助朱元璋武力统一全国的过程中，战功赫赫，屡战屡胜，取滁州，占和州，攻采石、太平，下集庆、镇江，被擢升为统军元帅。先后担任枢密院同佥、中书左丞、平章政事、左御史大夫、太丞谕德等职。

后战张士诚，攻常州、无锡，下平江。南下浙江征讨方国珍时为征南将军，渡曹娥江，克余姚、上虞，取庆元，从明州出发，乘船进取福州，平定了福建的割据势力，人们赞颂他是常胜统帅。后从大将军徐达西征北伐，翻越太行山，入山西，渡黄河，取潼关，下庆阳，攻定西，定宁夏；又挥戈向东，进军东胜、大同，直抵宣府，回师后，任荣禄大夫、柱国，封中山侯。受命征西将军，经湖北，派副将军廖永忠沿长江而上，攻打四川腹地下巴蜀；后又北伐外蒙，获得大胜。

明太祖朱元璋念汤和屡立汗马功劳，授其信国公。并多次派他到中都、临青、北平，训练军队，修筑城郭，年届六十又以征虏将军远征西南，平定思州。

汤和征战几十年，足迹遍及大半个中国，无坚不摧、攻无不克的功绩，奠定了他明朝开国元勋的地位。

三、建城抗倭

明洪武十九年（1386年）正月，明太祖朱元璋接到一份奏章称"大批倭寇侵犯我国浙东，焚烧民居，抢掠财物……"这使朱元璋犯愁了，派谁去抵抗倭寇侵犯？当时开国名将徐达、常遇春等已经去世，朱元璋思量再三，英明决断，还是派即将告老回乡既有海战经验又懂城池建筑的常胜将军汤和挂帅前往。

二月初二，信国公汤和奉旨赶到京城，朱元璋对汤和说："日本小国，屡次骚扰我国东部沿海，你虽然年老，还是勉力为我走一趟吧！"汤和深明大义，慷慨表态："倭寇猖獗，必须给予坚决打击，我愿意奉命抗倭！"

朱元璋大喜，又问汤和有什么御倭的良策和要求。汤和向朱元璋推荐了熟悉海事的女婿方鸣谦。

朱元璋立即召见时任工部侍郎方鸣谦，问以御倭之策，方鸣谦则以"沿海一带量地设置都司和卫、所与陆聚步骑、海备舰、船"答之。"需要带多少兵力呢？"方鸣谦又答："只需近海民户，每户四丁抽一人为兵，就近守卫所，闲时屯田，有警则战。"

从洪武十九年到二十一年（1386—1388），汤和前往东南海防沿线，勘察地形，组建军民，既防守又建卫所。选拔了三万五千多名强劳力构筑城墙，其经费则取自州县钱财和没收罪犯的资产，筑山东、江苏、浙江、福建诸要塞五十九处。

由于投入大量的人力和财力，传说当时民间连磨粉的石磨都被征用了，民众感到负担沉重，颇有怨言。汤和时有耳闻，但考虑到长远利益，他不顾忌眼前意见，毅然道："成远算者不恤近怨，成大事者不顾细谨。"

经过两三年的努力，这批要塞陆续建成。

宁村所城即五十九所城堡之一，据清光绪《永嘉县志》载，宁村所城于"明洪武二十年信国公汤和建"。它位于瓯江的南入海口，面临东海，背靠黄石山，隔江与乐清磐石卫为犄角，为瓯江咽喉，是进入温州的水路门户。

宁村所城周三里多，内计0.99平方公里。城墙外层由块石垒筑，

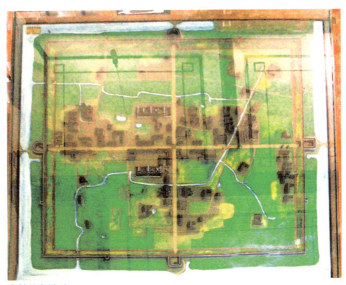

宁村所城模型

内层为夯土斜坡，城基宽阔，俗称"城山"。

城堡设有陆门四座（分为东、西、南、北门），水门一座。四门各设有城楼一、碉台二、炮台一、料马台二。城门附近有兵房，城内凿有七星河，与城外护城河相通，四门外均设有吊桥。南门外至东门外，辟地数十亩为练兵教场，并设有演武厅。

城内驻军，军官有游击、千户、百总等十六员，士兵一千一百七十五名，负责海防（据《宁村所文物拾零》）。

同时，还构建"外二所"，组成配套的沿海抗倭防线：置寨、堠、台于卫城和所城的外围，系作战据点，观察敌情和传递情报。"寨"是建有栅栏的卫防工事，"堠"是瞭望敌情的土堡，"台"是高平台的建筑物，用以观察敌情和传递情报等。

在外围军事设施中，又建起许多烽火台（烟墩），以烟火为报警信号，远近呼应，互相支持，成为严密的抗倭防线。宁村所城外围"烽堠台寨计九处"，其中寨三处，即沙沟（今黄石山北）、沙村（今海滨街道）、长沙（今天河街道）；烽堠六处，即黄石浦、沙沟、沙村、九甲、七甲、长沙。

洪武二十三年（1390年），各卫、所均设置战船巡逻海口，据弘治《温州府志》载："宁村千户所有战船一十七只。"

洪武二十六年（1393年），各卫、所建官兵营房，各所官兵调换戍守。

同时，汤和按"四丁抽一"原则，组成五万八千七百名坚强的武装力量来守卫海防。面对倭寇的侵犯，这支主要来自当地民众子弟的军队，为保卫家乡，凭借坚固的军事要塞，士气高昂，奋勇杀敌。

1384年至1388年的五年里，汤和先后三次不辱使命，以国家、民族为念，不顾年老体衰，重披战甲，以抗倭总兵官驻节宁波，统率沿海诸军御倭保国安邦。

特别是其中的第二次，汤和坐镇浙江，历时两年，成效卓著，影响也最为深远。他在浙江设立的卫所有乍浦、澉浦、定海、观海、昌国、舟山、石浦、健跳、楚门、隘顽、海门、临山、三山、沥海、桃渚、三江、龙山、霩衢、大嵩、钱仓、新河、松门等。

作为抗倭重镇的温州，有温州、金乡、盘石三座卫城和海安、瑞安、平阳、蒲门、壮士、沙园、蒲岐、宁村八座所城。

汤和实施了"寓兵于民"制度，宁村所内有驻兵一千一百七十五名，他们便成为宁村的第一代居民，从此安家落户，娶妻生子，生息繁衍，世代亦兵亦民，有事则战，无事则耕，经济生活上做到自给自足。由于驻军大都来自安徽和江浙各地，村内至少有一百个姓氏以上（考证于周邻大族家谱的通婚纪实），现村户口簿上有九十二姓种，堪称"中华姓氏第一村"。

从洪武十七年到二十一年，正值汤和五十九岁至六十三岁，已经是迟暮之年，而他临危受命，四年的时间里，在这漫长的海岸线上，不辞劳苦，驰骋奔波，修筑起一条严密而坚固的抗倭防线——中国的海上长城，让倭寇望而生畏。另一方面，编制当地民兵协助军队保卫乡土，相互策应、配合，使每次战斗都给敌寇以沉重打击，不辱朝廷使命，更使民众得到保护，百姓都感恩汤和。

宁村所城的城墙一直保存到新中国成立以后。后来为了修水利、造盐场、制砖瓦，就地取材，陆续蚕食，现已无存。

四、倭患加剧

明代的倭寇活动，以嘉靖朝为界大体可分为两个时期。前期是从元末、明初，即公元14世纪中期到16世纪初的一百五十余年间，后期为嘉靖中期至万历年间。

元末，日本进入南北朝分裂时期，其内战中的败将残兵、海盗商人及破产农民流入海中，乘明初对内用兵之机，屡寇滨海州县。

洪武时，海防整饬，尚未酿成大患。经永乐十七年（1419年）六月的望海埚之战，明辽东总兵刘江率师全歼数千来犯之倭后，倭寇稍稍敛迹。

正统以后，因明代海防逐渐空虚，倭寇侵扰时能得手，致倭患又起。这一时期的倭寇成员多为日本本土之人，除赤裸裸的侵扰外，还利用中日间存在的"勘合贸易"载运方物和武器。路遇官兵，则矫称入贡；乘其无备，则肆行杀掠。总的来说，嘉靖以前，倭寇侵扰只限于个别地区，时间亦短，尚未成为明朝东南地区的严重祸患。

明嘉靖（16世纪）以来，倭寇活动加剧。其原因有四：日本国内战争造成各阶层人士的大量破产和失业，遂多流为寇盗；由于日本商业的发展，大小藩侯的奢侈欲望日益增长，对中国大陆各种物资和货币的需求更加强烈；日本室町幕府已名存实亡，无力控制全国政局，诸侯各自为政，尤其是南方封建主，将掠夺中国大陆视为利薮；这一时期有大量的中国商人、破产农民和失意知识分子等，由于各种原因留居日本。其中有资本者纠倭贸易，无财力者则"联夷肆劫"，成为嘉靖、隆庆年间倭寇的重要组成部分，构成这一时期倭寇的一个显著特点。

如侨居日本的倭寇首领汪直、徐海、毛烈、陈东、叶明（叶麻）、邓文俊、林碧川、沈南山等，即为此类人物。他们伙同倭寇，在日本封建主的支持下，袭用倭人服饰旗号，乘坐题有八幡大菩萨旗帜之幡船，侵扰中国东南沿海地区，惨绝人性地掠夺大量财物。明《国朝典汇》上曾有"积骸如陵，流血成川"的记述，每次总要贼船满载，才呼啸海遁。

加之明世宗朱厚熜迷信道教，不问政事。严嵩专权，贪贿公行，致吏治腐败，文恬武嬉，沿海士兵大量逃亡，战船锐减，海防设施久遭破坏，为倭寇活动猖獗提供了可乘之机。

嘉靖二年（1523年）六月，日本封建主大内氏使臣宗设、谦导与细川氏使臣瑞佐、宋素卿，因争夺对明贸易，在中国土地上相互厮杀。

宗设格杀瑞佐，又以追逐宋素卿为名，大掠宁波、绍兴一带，杀掳明朝指挥刘锦、袁琎等，夺船出海而去，此即震动朝野的"争贡之役"。

此后，明朝政府要求日方惩办宗设及倡首数人，放回被掳中国官民，缴还旧有勘合，遵守两国所订之约，如此方许换给新勘合，继续贸易。日方没有答复这些要求，致使双方贸易中断。由是，倭寇走私贸易猖獗，并伺机多方掳掠。

嘉靖二十一年（1542年），倭寇由瑞安入寇台州，攻杭州，侵掠浙江沿海。嘉靖二十三年（1544年），许栋、汪直等导引倭寇，聚于宁波境内，潜与豪民为市，肆行劫掠。倭寇在山东、南直隶、浙江、福建、广东沿海大肆烧杀掳掠，江浙一带民众被杀者达数十万人，严重破坏了社会生产力的发展，严重威胁东南沿海人民生命财产的安全，激起中国朝野上下各阶级、各阶层人民的愤怒反抗。

五、后续抗击

自嘉靖三十一年至四十二年（1552—1563），据史载，温州遭倭患达二十八次之多，平均一年两次以上。明万历《温州府志》上多次出现："各乡罹其锋者几半"、"烧毁民房十之八"、"杀人溪水变赤"、"稻禾不能下种"等惨不忍睹的记载。

在这十一年间，据史料考证，低估温州被杀同胞不下三万人，所以说，明代倭患是东南沿海历史上一次最野蛮、最残酷的浩劫。而沿海人民从将官到士民所表现出来的同仇敌忾的民族气节和舍生取义的大无畏精神，在我国人民反抗异族入侵的战争史上谱写了最光辉的篇章。

以温州为例，据明万历《温州府志》载：二十八次倭患除极少数几次外，几乎都受到当地驻军与人民有组织或自发的抵抗。

因为倭寇均系能征惯战的亡命之徒，我方是"升平日久，兵不习战"，加以对方又是采用流窜方式，蜂拥而来，少则数百，多则数千，所以战斗极为激烈艰苦。如1552年倭患七次，除一次外，六次遇到抵抗，胜二、败四，可歌可泣；"三十一（1552年）春二月，倭登黄华，勇士某等三十六人接战死"，又"勇士者，栝人也，骁勇甚，皆衣楮甲，用铁挡，与敌遇即突前……倭凡数百人，勇士数人，勇士行自如，近则举挡反击之，贼走复来，如是者数回，莫敢近，士人隔水望者（桥已断），莫不壮之。于是勇士乃从埭渡，埭崩而栝人不善水，遂沉水中，贼从而射之良久死矣，其后河上常闻鬼哭声"。其实是人民怀念英雄。（录自明万历《温州府志》卷十八"杂志"）

明嘉靖癸丑年（1553年）秋，倭寇勾结海盗犯境，四处骚扰百姓，震动温州，浙东道浙江按察司副使袁祖重责不容辞，率兵御寇于巨海之间，奈敌众官兵少，虽奋勇力战，气穷力竭，而寇借巨船顺风围攻，官兵死伤其众。正值危急之际，突然飓风阴号，浊浪排空，寇船溃散，而官兵全济而归。

嘉靖三十一年（1552年）四月二十日，倭寇驾巨船两艘，自瑞安至永嘉场长沙，转乘小船欲登岸，乡兵勇下水与之格斗。乡绅王沛组织的义兵及时赶到，倭见势众，登舟离去。嘉靖三十年至三十七年（1551—1558），王沛、王德叔侄二人组织率领"王氏义兵"英勇抗击倭寇。

嘉靖三十五年（1556年）九月，数千名倭寇从楠溪出，夺舟渡瓯江至蒲州登陆，屯据龙湾（洛湾村）分掠永嘉场。王德同族伯王沛率义兵抵御，各乡兵同仇敌忾，联合反击，倭寇不敌而逃。斩倭寇十六人，生擒十四人，夺马十余匹。

嘉靖三十七年（1558年）四月四日，倭船十七艘登梅头前岗，后败去；六日，王德偕族伯王沛率乡兵追剿，倭寇焚烧舟船乘夜逃遁。忽有船队顺风漂至，疑为渔船不备；倭船突来，把王部截为两截，王沛与其族弟王崇尧、王崇修战死梅头岭。十六日，一股倭寇穿仙居、枫林，于千石夺舟沿罗浮江边经渡外沙、朱村浦登岸，遂放火抢掠，犯永嘉县城东门。二十三日，倭寇劫掠龙湾（今洛湾村），兵道袁祖庚，参将张铁均在宁村所守御，王德领乡兵前往会盟共同抗倭，但袁、张畏惧不前，王德径自率乡兵赴战，至金岙村与倭寇遭遇，双方展开激烈战斗，王德战死。

五月初十夜，倭寇悄然逼近宁村城，参将张铁领兵至城，众人有恃无恐，防御松懈。倭寇百余人乘机登城而入，杀守夜军士。众人警觉，参将张铁被乱枪所伤。总旗黄廷富号召众人杀倭。倭寇见官

"贞义书院"模拟图

兵奋起反击，并用事先准备好的煮沸粪便装入酒埕抛向倭群，倭寇烫伤惨重，又见增援官兵和英桥王氏民团相继赶到，遂放火多起，制造混乱。黎明时，倭寇慌乱逃离，被官兵斩首十余人。

是年，倭寇烧毁位于瑶溪御建的"贞义书院"。

嘉靖四十年（1561年）四月十六日，倭寇登陆梅头前岗，烧毁民房，把总领兵千余防守不固，寇冲杀士兵无数。倭贼由梅头拥至北新桥，见永嘉堡（即永兴堡）有人戒严，乃从沙村引去。二十八日，倭贼船泊沙城下，登陆至南桥，烧屋竟夜不灭，而堡守加严，寇不敢犯。五月十日，有贼船千余，自楠溪渡江，于宁村码道登岸，时值午夜，男女惊悼奔至堡外，将旦，开堡内纳之。十三日，有倭船泊一都。时堡城西畔从澍地不实，偶倾坏约70米，众相顾骇愕，督二三百人竟夜补筑，至黎明而城完。寇知有备，由一都即南往，至闰五月下旬寇去，始开堡南北水门通舟楫，诸姓逃者告归。

嘉靖四十年（1561年）四月廿七至五月十六日，浙江都司参将戚继光自台州提兵到乐清，在乌牛、灌头、瑞里、磐石等，共斩敌一百二十人，生俘多人，焚溺倭寇无数，并焚烧"福舰"、"苍舰"等舰船，救回被掳男女三百余人。此后，戚家军奋战在温州、台州、宁波等地，水陆交战九战九捷，歼寇一千四百余人。

嘉靖四十四年（1565年），戚继光又与俞大猷两军配合，歼灭盘踞在广东、南澳的倭寇。至此，东南沿海的倭寇终于荡平。

万历十年（1582年）三月廿一日，倭寇百余，扰坎门，与温处参将沈思学哨遇对阵，黄华关总哨王龙战亡，倭寇追至灵昆海涂，标营把总冯汝贞率兵攻剿，生俘倭寇二十人，从贼十九人，夷妇二口，首级五颗，倭船二艘，夷器一百五十三件。

自嘉靖三十一年至四十二年的十一年中，温州倭患二十八次，战斗中牺牲者已上史书的将官计有：原广东金事，王氏义师首领王德，大仆寺丞、乡贤王沛，温州府同知黄钏，瑞安县守备刘隆，温州卫指挥祁嵩，瑞安县都指挥复光，乐清县百户秦煌，瑞安百户李潮，湖头百户张曜，平阳所百户刘闵，千户刘纲，百户张澄。

士民中有记载的除上述黄华勇士三十六人，三十四年一次出击中伏战死将士六十余人，虹桥战死十五人等无姓名可稽外，有姓名者有：洒血梅头的王氏义师七十余人的王崇修、王崇尧，"率众迎敌，连杀数贼，身中数十剑竟没"的乐清沿江乡贫民连树，乐清舍人魏履谦、生员邬世显、庠生连应明等。

兵荒马乱之际，百姓中英勇抗敌殉国者难免挂一漏十，而上述记载已足够令我们温州历史增光。

这场战争是一场真正意义上的民族保卫战，战争历史悠久，自汤和奉命主持抗倭防务至戚继光荡平福建倭患约二百年；战争受灾面广泛自辽东半岛至台湾海峡，波及我国大半海岸线约2000公里，而战争作出贡献的将领汤和、戚继光、俞大猷、卢镗，还有定海乡民汤一和本区乡贤王叔杲兄弟等人，献身的英烈朱纨（当时任浙江巡抚兼浙闽海防军务提督，因坚决抗倭得罪权贵遭诬而忧愤自杀），以及本区的王沛、黄钏、祁嵩、连树、无名勇士等民族英雄，我们应牢记他们。

当年朝廷曾钦建"表忠祠"（祀黄钏）、"褒忠祠"（祀夏光）、"旌忠祠"（祀祁嵩）、"愍忠祠"（祀王德）、"褒忠祠"（祀王沛）。地方官为生员邬世显赐匾"忠勇"，为贫民连树墓上立碑，虹桥乡民为十五勇士建"忠勇祠"。惜时序沧桑，上述纪念物已湮没在无情的岁月风雨之中。

六、再建城堡

宁村所城建成后，在抗倭战争中长期地发挥作用。特别是明嘉靖三十七年（1558年），八百多名倭寇，乘数十艘海船，在瑞安东浦登陆，一路烧杀抢掠，从梅头直袭宁村所。倭寇使用了一百多张云梯，蜂拥而上，企图破城。宁村所军民奋勇杀敌，战斗十分激烈，参将张铁战死，倭寇也因伤亡惨重而远遁。至今在宁村还流传着"不怕宁村兵，不怕宁村城，只怕宁村甩污埕"的顺口溜。

由于明洪武二十年（1387年），信国公汤和在我国海防前线所筑的像宁村所城等五十九座城堡固而险要，久且不圮，在抗倭战争中发挥重大作用，倭寇望而却步，未敢大犯。因此有着顽强抗倭意志的永嘉场人民效法再建了三座城堡。

（一）沙城

明嘉靖二十七年至三十年（1548—1551）建，横贯永嘉场，南起一都长沙（今天河镇），北至沙村寨（今海滨街道），全长15.8公里。

在原有的沙城土塘外面，从下山凤凰山运条石以砌之，使之稳固。它不仅可以御潮汐，而且可以抵抗倭寇。嘉靖三十二年（1553年）五月十三日，三艘倭船乘早潮入港，此时沙城新筑，且外濠又深，倭寇正欲偷越，适驻九甲的巡检胡洪率兵丁巡逻至此。"寇知有备，遂遁去"（姜准《岐海琐谈》）。

娄一娄二塑像

（二）永兴堡

　　嘉靖三十七年（1558年），巡盐御史凌儒为保护盐场，洊被倭寇焚掠，接受当地叶、夏、季、张、黄、王六姓十一人于家共商集资筑永兴堡事宜，并向县府申报，抚按院核准兴筑。永兴堡位于温州府城东南55里二都海口煮盐坛地，呈四方形，城周2398米，高7.99米，厚4.33米，陆门六座，开南、北两座水门。永兴堡全称"中界山巡检司防堡"，清乾隆《温州府志》作永嘉堡，俗称下垟街老城。

　　（三）永昌堡

　　抗倭英烈前赴后继，在血泊中站起的家族式武装——王氏义

永兴堡下垟街南门

师浴血抗击七年，年逾古稀的王沛于1558年4月6日在梅头因寡不敌众而英勇殉国，同时罹难的达七十余人。同月23日，王德率众义师增援被困的郡城，又在金岙中伏被俘牺牲。10月，王叔果回乡扫墓上疏获准在英桥里筑永昌堡。多方筹集资金，其弟叔杲放弃"十年寒窗三年一考"的进身机会，具体负责监造，耗资七千余金，大半是他兄弟俩所出。如此浩大的工程，仅用了十一个月就竣工。即明嘉靖三十七年至

永昌堡

三十八年（1558—1559）众志成"城"，在我国东南海防线上又崛起了全国第一座民建的雄关永昌堡。该堡曾于清顺治十八年（1661年）迁界时被拆除，后修复，故又称"新城"。2001年被列为第五批全国文物保护单位。自成立以后二百余年断断续续的倭患中，永昌堡曾八次成功地抗击了敌人的大规模进犯。

永昌堡南北长738米，东西宽445米，城高8米，基阔4米，内外墙壁块石斜砌，陆门四座，城内开浚二河十浃。城内留有150亩生产自救田，以利"一旦被敌方围困，则可以生活自保"，这为我国建城史所少见。它与明洪武二十年（1387年）信国公汤和在浙闽沿海设立卫所筑的宁村所城，形成鼎足之势，彼此呼应，联合防御，为抵抗倭寇侵犯，保障人民生命财产安全，作出了重大贡献。

[叁]汤和信俗的形成

感恩，这是永嘉场人的传统美德，"滴水之恩，报以涌泉"，何况汤和建城抗倭，救黎民于水火。当年《浙江通志》（光绪重刊木刻版）载："不逾年卫城成……吴越父老指烽成历历，称汤信国焉！"此外，《温州市志》（1998年版）、《历代人物与温州》、《温州文物综录》都有汤和抗倭史实的记述。汤和逝世已六百余年，东南沿海的温州、宁村人仍念念不忘他。如今的信河街，就是因汤和"在温州浚治河道，兴修水利"而得名。

一、立灵位追思

宁村百家姓旗帜队

  《明史·汤和传》记载,洪武十九年至二十年间(1386—1387),
汤和坐镇浙江,以"近海民四丁籍一以为军,征兵五万八千七百余
人"。其组建的沿海边防军,由于"寓兵于民",汤和离世后,留下海
防军驻扎在宁村所城。后来,军士们就在宁村终身守护落户居住,
娶妻成家,世代繁衍,使宁村成为众多姓氏的地方。经调查统计,现
在尚有九十二姓,部分主要姓氏按人口多少排序是:王、徐、张、潘、
韩、陈、祝、郑、孙、周、项、倪、林、阮、全、朱、叶、蒋、姜、黄、
应、方、沈、邵、吴、范、蔡、郭、余、邱、金、杨、杜、宫、廖、邓、
施、董、丁、刘、马、鲍、温、元、季、程、何、谢、胡、章、发、曹、
苏、夏、许、冯、严、邹、汪、柯、毛、尹、纪、罗、卓、南、庄、赵、

高、凌、鄢、薛、萧、戴、瞿、虞、汤、梁、樊、颜、崔、戈、管、代。

此外，卢、巫、万几姓前些年才消失，有据可查早就绝姓的还有盛、阎、石、钟、奚、葛、吕、陆、翼等。故此，人称宁村为"百家姓之村"。这些姓氏的存在，有力地佐证了当年的祖辈们为了国家的安危而默默奉献的动人的英雄业绩。因此，他们把汤和视为共祖，大户人家立木牌、小户人家立纸牌神座，上书"宁村所主汤和公之位"。

二、建庙以祀

嘉靖七年（1528年），巡按御史请于朝建成汤和庙，称"东瓯襄武王汤公庙"，各家各户灵位集中到庙里，每年农历正月初九和七月十五定为公祭日。而永嘉场老百姓为缅怀汤和恩泽，将其尊为"城隍爷"。清康熙年间，一度将该庙改称为"城隍庙"，祭祀不断，祈福禳灾。

《历代人物和温州·汤和与宁村所》载，所城内"有一所建于嘉靖七年的东瓯襄武王汤和庙，庄严肃穆，在翠柏的掩映中，闪烁着民族、历史的光华"。《温州市志·汤和传》载："嘉靖七年（1528年）巡按御史报经朝廷批准，在宁村立庙纪念。"

汤和庙位于温州市龙湾区海滨街道宁城村，距温州市中心约25公里，邻近温州飞机场。它建于宁村所城的十字街头，坐北朝南，面临大街，七间三进，砖木结构，庄严肃穆，古色古香。

路南隔街正对庙门的照壁上写着一个巨大的红彤彤的"福"字，蕴含着为民祈福之意。路北的大门上悬挂有"汤和庙"三个金黄色大字的雕花竖匾。大门和二门之间，是一个院子，左右两边各有一排石碑。左边的一块石碑标明为"县级文物保护单位"，另有一块是汤和庙的简介，全文如下：

汤和庙，始建于明嘉靖七年（公元1528年），为纪念抗倭英雄汤和而立。汤和（1326—1395），字鼎臣，安徽凤阳人，乃明朝开国功臣，生前封中山侯，进封信国公，死后追封为东瓯王，谥

汤和庙外观

襄武。据明史载:和所筑沿海城戍,皆坚致,久且不圮,浙人赖以自保,多歌思之。宁城尚有护城河、游府墓等遗址。其他碑刻都是重修记事和捐资者名录等。

二门分左、中、右三座门,均为石础红柱门,柱上悬有木刻黑底绿字的楹联,中门上方有两道横匾:一为"永康兆民",意即"使广大人民获得长期安宁的生活";另一为 "第一功臣"。

进了二门又是一个较大的院子,坐北朝南的是一座大殿,殿上供奉着汤和的木质彩袍雕像,由一个巨大的镶玻璃的彩色木龛护卫着,上悬红底金字的横匾,刻有"英烈千秋"四字。

汤和神龛的两旁排列着五位泥塑彩绘神像,右起依次是送子土

汤和庙大殿

地爷、七星神、符使爷；左起是中军（俗称"掌令"）、玉主冥官（部将）。

各位神祇都有来历：

送子土地爷 汤和庙的土地爷与众不同，他不仅是一位慈眉善目的老者，膝上还抱着一个男孩。据说土地爷姓汤名福，原系汤和家三代老总管，善管家，又参加过抗倭，长寿一百零九岁，膝上的小男孩是汤和五代孙汤猛，嘉靖建庙受荫封为城隍手下专司人间福禄寿禧土地，熹帝时加封为员外郎，民间俗称"送子土地"。常有人来求子，得子者在翌年二月初二"拦街福"时谢恩还愿。

土地爷

游演七星神

七星神 宁村南边1里外有一村名南荡，三百年前在一次兴修水利时，一天夜里，众多村民都梦见一人自称汤和手下将士,抗倭牺牲于此。翌晨,村中人异口同声传说得梦事,开工时按梦中指点处下挖,果然见一棺材。后求教于东门外神汉孙某,孙称其为汤和部将,姓李,名岳山。村人就地建坟安葬,称"太保坟",村中建太保殿。由于太保爷是汤和麾下部将,又牺牲于抗倭,因此每次巡游,都由南荡村人游演七星神。

符使爷　道教中指守护符录(秘密文书)的官吏,称"符官",也称"符使"。民间信仰中将其变通为负责联络通信的专职官员了。

中军(俗称"掌令")　传说为汤和部将廖永忠,在抗倭中屡建奇功,深受汤和重用,由偏将擢升为正将,掌管军务大权,死后追封为"城隍司掌令"。

符使爷

玉主冥官　据传为汤和部将滕玉主，在抗倭中战功赫赫，左腿负伤，故神像右靴左裸。专管阴司罪犯，故称"冥官"。

汤和神像前大殿上排列着一副銮驾仪仗，十八件兵器。传说汤和暮年得了喉疾，朱元璋看望他时说不出话，只能用手比画。朱元璋回忆这位儿时伴侣追随他的一生功绩时，动情地说："朕赐你銮驾仪仗十八般兵器，保佑你早日康复。"这件事后来传到宁村，建庙时就在神像前设置了这副仿制的銮驾兵器。

殿侧悬挂着《民族英雄信国公列传》，其内容

文元帅

十八件兵器

汤和庙一角

与《明史·汤和传》基本一致，明显的不同点是标题：在信国公的爵号之前加上了"民族英雄"的尊称。大殿两厢有彩绘壁画八幅，再现了汤和的生平业绩。

大殿的对面，紧靠着二门，有一座戏台，戏台楼板是活的，不演戏时拆下方便行人，演戏时中门虽不能通行，但可以从左、右两座旁门出入。大殿、厢房和戏台连成一个整体，形成了一个庄严肃穆的环境。

从大殿向北还有一座后殿，供着汤和及胡氏夫人的彩塑像。殿西布置成汤和的书房，殿东布置成汤和的卧室，殿前凿有长方形的水井，四周青石栏杆，池内养鱼，水可供饮用，这里安排的是汤和的生活区。

右侧是汤和公园，花木茂盛，环境宜人，并建有两座凉亭和一座供人们管理庙宇、聚会和老人娱乐的两层楼房。

汤和庙里有许多楹联，以下是其中一部分：

一代元戎，战绩尚留人世仰；千秋忠烈，剑光犹带斗牛寒。

屏障蛮海，筑卫所五十九城，楷模永在；锁钥瓯江，操水陆三数万众，浩气长存。

天下太平，文武韬略护国土；乾坤正气，日月星光照神州。

北战南征千秋重誉；抗倭平寇万古流芳。

破虏平蛮，功贯古今照万代；抗倭剿寇，望隆乡里足千秋。

更令人注目的是后殿背面屏风上抄录的两首诗，一首是明嘉靖年间的大学士张璁在汤和庙落成时所赋的七言绝句：

铁壁铜墙屹海滨，江山万里耀英灵。
雄名盖世传千古，秋月春风斗古城。

另一首是抗倭名将戚继光的七言律诗：

信国庙堂何处寻？宁村城内柏森森；

数年雨化回天日，一剑霜寒震乾坤。

入死出生披肝胆，餐风饮雪感民心；

长缨慨奉经纶手，青史垂名耀古今。

据记载，明嘉靖三十四年（1555年），戚继光来浙江抗倭，经过宁村所城访问汤和庙时，留下了以上诗句。该诗前两句与杜甫的《蜀相》前两句相似，但不是简单的套用，而是将汤和比作善于治军安邦的诸葛亮。诗中歌颂汤和亲临东南前线组织抗倭，"入死出生"、"餐风饮雪"，建立了"回天日"、"震乾坤"、"感民心"的丰功伟绩。

汤和的筑城抗倭功绩与汤和信俗活动已成为龙湾历史的光辉符号，后人吟咏不绝。兹摘录当代作者部分作品如下：

应天长·宁城庙会 何黄彬[1]

明时倭贼常掠扰。汤和率兵来抵剿。筑城寨，架火炮。鬼子失魂啼哭叫。寇患平，黎庶民笑。退役兵留宁堡。后裔塑神造庙，出巡祭祈祷。

---

[1] 何黄彬（1931— ），浙江省诗词楹联学会会员，《龙湾区志》编辑，退休教师。

贺汤和信俗喜获国家"非遗"

桑梓人文萃荟辉，汤和信俗国非遗；抗倭史迹薪彰显，砥砺强军反侵旗。

汤和民间文化艺术节纪实　李昌松[1]

河清海宴舜尧天，乐享安康庆大年；老妪乔装欢跳舞，稚童巧扮打秋千；划船共桨夫妻悦，皮肉钩灯吊线连；毯铺接村通大道，乡情迎送更无前。

祭信国公汤和　王一平[2]

瓯王襄武韵清新，盖世英名不朽人。拔剑光寒倭寇胆，拨云气贯海天神。森森城所倾心血，耿耿丹心护要津。供奉巡游扬信俗，长馨香火醉芳辰。

汤和颂　张维庚[3]

（一）

临危受命辞皇都，为挫蛮夷执虎符。三万黎元修铁锁，一头

[1] 李昌松（1942—　），龙湾区诗词学会会员，农业财务退休人员。
[2] 王一平（1949—　），中华诗词学会会员，龙湾区诗词学会会长，长期从事电业工作。
[3] 张维庚（1944—　），中华诗词学会会员，张璁文化研究会会长。

白毛枕金戈。疏通河道屯田地，依仗沙城败寇倭。民族英雄民纪念，长流不绝信河波。

（二）

猖狂倭寇犯金瓯，老帅能容退而休？兵寓于兵真远识，城防护国是良谋。校场祭祖城隍泪，庙壁题诗张相讴。七月中旬传统好，家家户户念汤侯。

（三）

英雄姓氏覆金瓯，拒敌当初已白头。一剑长啸肝胆照，万兵高举海寇愁。成城众志锁东海，爱国豪情冲斗牛。为念功臣汤信国，宁城庙会怎能休！

三、英烈陵园

在宁村所城南门外有一片空旷地称"教场头"，上有一座埋葬着倭祸殉难官兵难民遗骸的陵园，古称"义冢"。1998年进行过修整，现占地约千亩，每年清明节，宁村老人们都去祭拜、扫墓，仪式隆重。大门上书写着"抗倭英烈陵园"大字，楹联是：

悼一代御外英烈功绩百世流芳，
幸百姓挚诚祭祀节义万古长青。

后门横额上书写的是"乾坤浩泰"四字，两旁楹联：

　　有忠信心肠方可些以鼎礼，

　　无孝悌情义何痈入庙烧香。

神道牌坊横额上写的是"汤和精神发扬永远"，旁上楹联：

　　卫国捐躯血溅沙场勇士去，

　　保家抗倭烽火烟消宇宙清。

后背横额写着"功在千秋"，两旁楹联：

　　万里边尘埋寒骨，一江风雪吊忠魂。

　　墓前有两亭，左为永嘉亭，右为凤阳亭。取永受嘉福、丹凤朝阳之意，又含宁村属永嘉场、汤和生于凤阳之意。同时联系着永嘉、凤阳两地的世代情谊。

　　两亭都撰有三副对联，永嘉亭有对联三副：

　　是作七尺微躯保家酬壮志，不怕一腔热血卫国溅荒丘。

呕心沥血爱国精神足堪效，先人后己崇高品质诚可钦。

国破家亡千古英雄千古恨，身残志在万年史笔万年春。

凤阳亭有：

已使倭寇灭亡英魂终可慰，再令生灵涂炭百姓更何堪。

忠魂不泯丹心一点化春雨，大义凛然壮志千秋泣鬼神。

身心许国有容乃大成泰岳，进退为民无欲则刚柱中华。

由于汤和施行的"寓兵于民"政策，因此留守各卫、所兵士或战将的后裔，自然成了这里的居民。

《温州府志》卷七：徐通（1330—？），字克勋，明催运粮官、百户长。洪武年间从军功，赠武略将军。配杨氏，生子二：允中、允园。徐通系徐达（1332—1385）堂叔，朱元璋追封徐达为中山王，列为开国功臣之首，配享太庙，并入祭功臣庙。

徐允中随父从军押粮。生子五，其长子焕湘，后更名广文，字元旦，明百户长，袭武略将军，驻温州府永嘉场宁村所，居西门将军衙。明宣德四年抗倭立军功。墓为本区瑶溪河口村龙山南坡"将军坟"。

徐彦超，明宣德年间宁村所百户长，袭武略将军。身后墓葬瑶溪河口村"将军坟"。

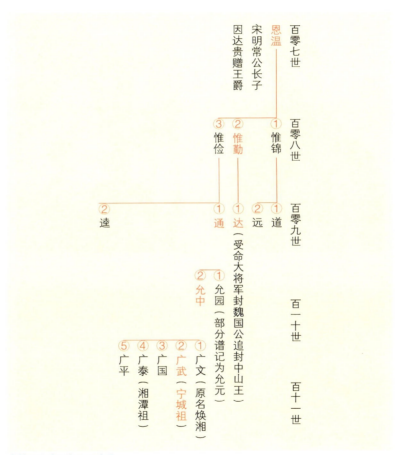

宁村所徐将军家族世系图

将军坟里共有四代袭爵武略将军。

明嘉靖三十七年，徐将军家族计有二十余人为抗倭捐躯，成为民族英烈，葬在宁村"抗倭英烈陵园"。

徐达

徐彦超

徐广文

徐允中

驻守宁村所抗倭的千总,都是调任离开,唯有一位名韩正发千总是在任上故世,其后裔也就留守在宁村所繁衍、抗倭。

四、举行庙会

《明史》一二六卷《汤和传》载:"嘉靖间东南苦倭患,和所筑沿海城戍,皆坚致久且不圮,浙人赖以自保,多歌思之。"

宁村人在建庙之后,举行春秋二祭,以纪念祖先。尤以农历七月十五的秋祭最为隆重。秋祭包括"汤和出巡"和"社戏庙会",内容丰富,仪式隆重。

选择七月半举行秋祭,既因中元节深厚的民俗含义,又源于永嘉场特殊的地域因素:

一、农历七月十五是我国传说的中元节,是民间祭祖和祭鬼的节日,俗称七月为"鬼月","中元"为"鬼节"。传说鬼门关七月初一开放,阴间的鬼神都到阳间来,祖先回家探望子孙,无主的孤魂野鬼向人们索讨供祭。到月底重归阴间,鬼门关封闭。宁村人乘机祭祀共祖汤和及逝去的先辈,布施倭患中罹难的同胞,安抚一切无主游魂。

二、七月是肠道传染病开始流传的季节。永嘉场人常食海鲜,过去人们卫生知识差,防疫条件落后,霍乱病常造成人员大量死亡,俗称"大殇年"。据1991年出版的《永嘉县卫生志》载:明正德十年(1515年),大疫,人死过半。清顺治十六年(1650年)夏秋,瘟疫大行,人死过半。道光十四年(1834年)春夏,大疫大

饥，贫民乞丐死于饥疫者横塞道路，日以十百计，凶惨形状不堪
于目。民国二年（1913年）夏秋，霍乱流行。民国二十九年（1940
年）夏秋，霍乱再次流行。民国三十五年（1946年），霍乱发病
一千三百余人，死亡一百五十余人，宣布永嘉为疫港（区），省派
防疫队来县。

据沙城镇社会调查，自20世纪40年代以来，霍乱多次侵袭永强：

1943年8月至9月，霍乱病骤起，流行面广。四甲自然村死亡
四十余人，五甲自然村死亡四十五人之多。七甲、八甲两自然村也
不下一百人。永恩村"青头姆"一家四口，二天内死绝，四邻以撒
石灰作隔离，但效果甚微。

1947年9月霍乱，罹难者烟台村八人，四甲自然村达二十七
人，五甲、七甲、八甲七八十人。如烟台村一家兄弟三人相继死于
此疫。

1953年8月至9月间，亦有霍乱病流行，此时医疗技术已能控制
病情，死亡的人数不多。

1955年再度出现上吐下泻病例，经医治后均转危为安。此后，
大殇年已成历史。

当时由于缺医少药，为了治病，有的喝露天清水坑里的水，有的
寻找坟墓中金瓶里的水，更多的人则求神拜佛，听天由命。

宁村民间流传，20世纪40年代有一年瘟疫流行，村里死了四十

多人，村民潘芝轩（潘定槐父亲）到城隍庙里烧香祈求保佑，一个名叫王介眉的同时在旁烧符，用米写字（农村中叫"抬乩"），口中念念有词，诉说地方上的不太平，祈求城隍爷保佑之类的话。这时米中现出"吾系本所城隍，专管地方善恶"。在场的众人齐说："城隍爷显灵了！"

没过几天举行了热热闹闹的抬佛巡游仪式，以后地方上太平，再也没有人患上这种传染病了。

三、永嘉场水源短缺，连晴半月，便现旱情，故有"十八日河"之说。古来旱灾迭连，据史料不完全载，自宋绍兴三年至中华人民共和国成立的八百多年中，夏秋发生特大旱灾计三十七起。

自中华人民共和国成立以来至今计十五次。

据说民国三十二年（1943年）大旱，七月十五照例举行汤和巡游，当天赤日炎炎，至傍晚校场祭祖仍碧空万里。首事林某拍着汤和神像的背身说："城隍爷啊，今天你会倒霉。"谁知游营结束时骤然下起了瓢泼大雨，旱情得以解除，人们至今传为美谈。

因以上诸多因素，宁村人对秋祭格外重视。

汤和信俗内容

汤和信俗的主体是『汤和出巡』，延伸有前期正月初九的春祭，二月二『拦街福』，以及后期的社戏庙会。其主题是感恩、祈福、禳灾。『汤和出巡』主要由巡游、祭祖、游营三部分组成。

汤和信俗内容

　　汤和信俗的主体是"汤和出巡"，延伸有前期正月初九的春祭、二月二"拦街福"，以及后期的社戏庙会。其主题是感恩、祈福、禳灾。"汤和出巡"主要由出巡、祭祖、游营三部分组成。

[壹]出巡

　　一、巡游参与者

　　出巡的有本村村民、还愿谢恩者以及神前随用人员扮演者。

　　1. 本村村民

　　历来为全村父老及部分善男信女，每年约三百至五百人。每年事先推选一位热心公益事业的老者为"首事"，牵头开展活动。

　　岁月流逝，资料散佚，兹搜集得自清光绪十二年（1887年）以来（记录有间断）的"首事"名单如下：

年代	活动年份	姓名	出生年月
清光绪	1887年	潘邦浩	1841年1月
	1898年	徐存利	1851年12月
	1908年	潘成金	1862年3月
清宣统	1909年	潘成禄	1870年5月
	1910年	韩耀祖	1865年
	1911年	项连岳	1869年9月

年代	活动年份	姓名	出生年月
中华民国	1912年	余阿楷	1868年7月
	1915年	徐定来	1875年10月
	1920年	张南京	1880年4月
	1924年	陈志旺	1885年6月
	1925年	王宝兴	1886年4月
	1927年	黄茂选	1880年2月
	1928年	徐贤斌	1879年5月
	1931年	郑日巧	1881年3月
	1932年	林培炎	1882年10月
	1933年	陈景姆	1882年6月
	1934年	郑日连	1883年5月
	1935年	潘芷轩	1900年10月
	1936年	阮国斌	1911年7月
	1937年	蔡芝庆	1900年8月
	1938年	李 龙	1901年7月
	1939年	徐象勋	1902年11月
	1940年	蒋明法	1902年6月
	1942年	王汉钦	1903年5月
	1947年	韩国华	1903年11月
中华人民共和国	1951年	韩秀钦	1904年7月
		姜阿集	1902年10月
		潘定槐	1920年6月
		王振文	1930年11月
		王 标	1927年2月
	1978年和1980年	王顺来	1912年9月
	1979年和1981年	孙阿云	1909年1月
	1983年	潘定槐	1920年6月
		全良成	1916年2月

（续表）

年代	活动年份	姓名	出生年月
中华人民共和国	1984年	张崇权	1936年5月
	1985年	戴 鸣	1939年8月
	1986年	张其浩	1941年7月
		倪日兴	1932年5月
	1987年	朱维亮	1942年5月
	1988年	陈凌华	1930年3月
	1989年	金国文	1941年2月
	1990年	项公文	1912年6月
	1994年	李胜汉	1933年8月
	1994年	项公宝	1937年10月
	1995年	全良基	1936年7月
	1995年	全兴姆	1934年2月
	1996年	余加元	1935年8月
	2004、2005和2006年	徐顺炜	1962年1月
		余克林	1927年10月

　　1994年恢复活动以来，发展为挨家挨户全家总动员，每年出动约两千人。凡能走远路的人都参加，不少人家请亲戚来看门。

　　2. 还愿谢恩者

　　新中国成立前，一年之中在神前为祈福禳灾而许愿的远近各方人士约四五百人，每年七月十四来还愿。要穿囚衣，戴木枷，化装成罪人，逐一拜遍前后殿诸神像，最后重回汤和神像前叩拜，领去一

囚车罪人

罪人一名

张"祛魔避邪"符（俗称"犯人符"）回家高贴在大门上。

拟于翌日随神出巡者，当夜即留宿在殿中。

现在每年许愿者达两千多人，七月初二即开始进殿还愿，仪程如旧，延续至十四日。

过去拟于第二天随神出巡者，当夜留宿庙中，一般每年随神出巡的"犯人"约二十至三十

犯人符

人，各皂衣罪裙，挺发（头缠黑布条）戴枷，有被无常牵着走的，还有足镣手铐坐囚车的约三至五人。

还愿谢恩人群中有扮无常者。过去有一百来人，现在约二十人。

无常分黑白两类，是佛道两教融合的产物，属于神灵世界的"警察"。

白无常是"民警"，笑口常开，帽上写着"你也来了"四字，引渡寿庚已满的人去阴间；黑无常是"武警"，相貌凶恶，帽上写着"正在

谢恩"赎罪"

捉你"四字,专捉为非作歹的恶鬼。

我们印象中的黑白无常都戴高帽,吐长舌,形象可怕。汤和庙里的无常作了适当的人性化处理,虽高帽长舌,嘴含麦秆哨子"咿咿"叫,手提铁链叮当响,可是长帽上四字都改为"一见大吉"。

还愿谢恩人群中除扮赦罪的"犯人"、惩凶治恶的无常之外,还有扮"报娘恩"的"扎肉灯"(也叫"挂肉灯")。历年在二十人左右。

扎肉灯时两手前臂手腕卜侧各扎进一枚系挂一盏锡灯的银钎。两臂平展,各紧握一木杖,支撑着平举的手臂,下挂齐膝锡灯(重约0.3斤)。随神前仪仗队,缓步前进。

扎肉灯（也叫"挂肉灯"）

"扎肉灯"又称"报娘恩"，扮演者用自虐的方式来提醒自己
"毋忘娘恩"，牢记娘恩之孝心。

3. 文掌令扮演者

扮演文掌令花费颇大，因此申请扮演者均为祈愿子弟富裕的
人家。

文掌令戴盔穿蟒袍、金脸、怀抱令旗，坐八人抬大轿，轿前开道
有一对藨锣、一对长号、鼓乐班（吹打班），轿后鼓板亭，轿两旁二十
多人"打威"：手执号旗一路吆喝"威——噢"。前后总共五十多人随
用服侍。近几年扮演一次耗资在三万至五万元。

文掌令

4. 外围乐助者

烧茶班：每年七月十二城隍爷出位之日起，至十九社戏结束止，有祖传的沙城街道七甲，瑶溪街道水心、龙湾，永中街道北头桥，永兴街道水潭五地妇女烧茶班入庙烧茶，每班五至十人不等。婆媳传承，均有百年以上历史。

鼓板亭：七甲鼓板亭十人左右，每年七月十五城隍爷出巡，携带管弦、打击乐器和鼓板亭前来参加巡游。

珠灯：珠灯二十盏，由寺前街一商家赠送，每年巡游及社戏期间挂在两廊。

二、巡游过程

七月十二: 城隍爷出位。

十二日清晨, 众父老在神像前点香燃烛, 叩拜, 从龛内移出神像, 坐落在事先摆在龛前的銮驾椅子上, 后面围上十二片上写汤和史迹的屏风。

十三: 背"路径牌"(亦名"净街")。

一人背"路径牌", 一人敲锣, 沿着出巡路径走一圈, 普告黎民百姓。十五日不得有污秽物上街, 故名"净街"。路线是: 从宁村所城隍庙出发→蓝田→第二桥→石浦→东坦→新殿→北头桥→寺前街→南头湾→沧头→三都拜圣桥→二都新城→水潭屋前→下垟街→范公桥→小塘→蟾钟→沙村→校场头→回宁村所巡游四门→归宫。计二十多个村, 行程约15公里。

个别年份扩展为: 石浦→镇南罗东大街→沧河→普门→城北→新城→城南→殿前→前街→度山→刘宅→郑宅→永寿→大郎桥→永福→沧宁→七一→七二→七三→七四→七五→八甲→沙园→南桥北→萼芳→榕树下→祠南→乐一→乐二→永乐→永民→大塘→小塘→蟾钟→沙南→建新→沙中→沙北→教新→抗倭英烈陵园→归庙。计四十多个村, 行程约25公里。

十四: "符司爷"扫街。

一人妆扮"符司爷", 骑马, 持"符司"牌, 四人打着锣、鼓、钹, 沿着巡游路径走一圈，督促街坊清理有碍抬佛的搭建物，如凉棚、路障，保证抬佛畅通无阻，同时通知，凡路旁茅厕，均需燃烟，以除秽气。

十五：汤和神像出巡。

凌晨，所有扮演神将、差役、宫娥、彩女者，随神护驾的父老，都集中在庙内，等待排衙、点将。

仪式开始，大堂肃静无声，司仪高喊："鼓亭起鼓，乐亭起乐。鸣炮三声，大开中门。"此时，鼓乐齐奏，炮声大作，中门大开。

随着司仪又喊："禀公爷升驾！"

伺候一旁的抬轿护驾人员忙着装杠轿，撑轿伞，搭好銮驾。汤和神像端坐銮驾内。

汤和神像出巡

等待出发

司仪再喊："中军请令！"

盛装的文掌令上神前三拜九叩，从一老者手中领过令旗。

司仪又喊："中军点将！"

文掌令捧旗端坐轿中，自"先锋"始，值年、值月、值日神将，左右门官、十二花神、七星神将、土地尊神、符使爷、武元帅，依次在神像前三拜，鱼贯出门。最后众"衙役"和护驾人员呼喊着三出三进后，簇拥着汤和香炉、神像銮驾涌出宫门。接着紧闭宫门，高挂"公务出巡"牌。

出巡行列，热闹庄严，行列的最先是一条"城隍爷出巡"长布旗

出巡队伍中的少女腰鼓队

出巡队伍中表演节目

幡和"肃静"、"回避"的头牌,再次是四对门戟,门戟之后是几对大锣和两人抬的大鼓;继之是由铜、锡、铁装饰的琴、棋、书、画饰品三队,纱灯十盏,每人手提一盏,绣有"滚龙"、"飞虎"图案的大旗、小旗数十枚,组成浩浩荡荡的仪仗队。

接着是阵容庞大的群众化装巡游队伍:

开路先锋:一人,身穿黄袍,外披青色披风,头戴青帽,嘴边露出一对獠牙,面貌狰狞。

天兵天将:四人,分别穿白、红、黄、绿四色铠甲。

七星:七人,穿一色青衣,大红裤,腰间系两条绣花白带,手拿铃叉。

童子背椅:八人,遇到路祭,八把椅子给开路先锋、七星坐,童子又将八把烟筒给开路先锋、七星点烟,享受路祭祀拜。

七星

武元帅

武元帅：一人，身穿红蟒袍，头戴元帅盔，肩背插令旗，骑高头大马，手里拿着令旗。前有大铜锣一对，后有吹班奏乐。

文元帅：一人，身穿绣龙红蟒袍，坐六角铁柱明轿，由四人抬轿。前有矗锣（大铜锣）、提笼、长号各一对，后有吹班奏乐。两旁"打威"吆喝数人。

无常：约二十人，分黑白无常，手执"威灵公"令牌，口中念着麦秆做的口哨"唧唧"叫，高帽上写有"一见大吉"。

符司爷：一人，骑白马，身穿水红马褂，前胸后补，大红裤，腰间系着绣花白带，左右下垂，帽顶上有一个大红绒球，帽两边垂下两条小红带，脚穿黑色靴，手握朝笏。

犯人：十至二十人左右，身穿囚衣，脖戴木枷，以求祛病消灾。也有坐在囚车里的，披枷戴锁，由人推着。

"扎肉灯"报娘恩：二十人左右，白衣白帽白裤，两手平撑，腕扎"银（锡）灯"缓缓而行。

土地爷：一人，身穿黄衣，前后绣花，一手握拐杖，一手执白拂。

文武判官：各一人，文穿蟒袍，武穿铠甲。

将官：十八人，文官穿衣袍，武将穿铠甲。

皂隶：二人，身穿青衣，头戴青帽。

彩女：二人，手各执一面绣花大扇。

童男童女：人数不限，身穿红绿小儿服饰。

鸣锣发道：一对铜锣，后有大鼓乐队。

香炉：大香炉插蟠龙巨香，四人抬。

牌位：城隍爷牌位，四人抬，牌位之前陈列四样果品，后面跟着来自七甲地方的"鼓板亭"。

城隍爷銮轿：六角明轿，八人抬，内坐城隍爷汤和塑像，旁有四人把"四脊头"，两人按"轿头担"，这六个人是来护持銮轿平衡和安稳的。轿后撑着两掌华盖，两把长扇。

銮前有四个孩童，分别背着印尺、令旗和端着签筒，另有十个小

土地爷

彩女

城隍爷出位

孩背着色彩各异的彩旗。

　　1994年以来全村凡走得了远路的基本上都参加了巡游（大多是全家出动，许多人家邀请亲戚来看守门户），不下两千人，队伍逶迤三五里。从早上摸黑化装出发，夜晚掌灯回来，经过永嘉场的上横路、下横路四十多个村庄，行程25公里左右。

　　巡游经过的地方，村村张灯结彩，备办香案举行路祭。有的路祭还宣读祭文，寺前街普门村2006年祭文如下：

　　　　大明推诚辅运宣力武臣特进光禄大夫，大都督府左柱国信

国公赠东瓯王谥襄武汤和公

祭　文

维公元二〇〇六年岁次丙戌七月十五吉旦

窃闻大丈夫以身许国，为国而忘家，老百姓有秤在心，坚心而祭奠。

公出元代，长于凤阳，小时倜傥，胸怀大志，遇乱世而鹏程万里，逢明主而长空鹰扬，倚采石而入太平，聚集庆而克镇江，下常州浙江而攻福州，取延平而定大同，谋四川取成都，驰沙漠穿林海，征蒙古而封信国公。

劳身尽瘁，辅佐帝业；大明江山一统，征将白发满头。

正值洪武中期，倭寇频犯金瓯。公临危受命。餐风饮雪，数年化雨回天日；出生入死，一剑霜寒震乾坤。屏障蛮海，筑五十九城，楷模永在；匙钥瓯江，操三数万众，浩气长存。保境安民，百年业绩犹记。安邦定国，千世英名长留。

如今正值国运亨通。家家纳有余之庆，户户迎泰来之禧，恰逢尊神六百八十诞辰，宁城父老，兴起义举，纪念英雄而树立爱国主义思想。激励人们对壮丽河山之热爱，弘扬民俗文化、宣传八荣八耻、构建和谐社会。此乃尊神留传后世之精神财富也；今逢尊神驾巡本村，诚备香花酌炼之仪，以示恭敬；三牲福礼，以表至真，有防火患，尚欠子炮，敬护銮舆，但凭心诚。心

香几瓣，桃笺一页。称赞尊神，功贯古今光万代，骈襟桑梓足千

秋。恭请尊神随同合殿神明及一切过往神祇。

惟伏　　尚享

　　　　普门村村委会

　　　　张璁祖祠文管会

　　　　普门村老人体育协会　　　恭叩

　　　　张氏四派廿一世裔孙罗峰后人张维庚拜撰

每个路祭香案一般用十张方桌并排一列，上摆三牲福礼、糕、

巡游队伍

巡游过程中，家家户户都来围观，群众甚多

桃、烛、面、新鲜水果、山珍海味等各类祭品。此外，在沿途各家商店铺前、屋前檐下，不少户主自发摆出香案，陈列各式各样精巧的小摆设，或以泡胶饰黄帝、海蜇饰姜太公、白菜饰美人、乌贼饰张飞等展品，还有各式各样、丰富多彩的工艺品，琳琅满目。一路之上，无异于一年一度的家藏珍品展览会。每年最出色的是永昌堡，2006年有米塑八蛮、假山古董、奇花异草、木雕石刻、文昌帝君、关圣帝君、全幅銮驾、关牌执事、山珍海味、时鲜蔬果，应有尽有，自北门到南门738米长的街道上，摆了一百一十二张八仙桌。

巡游队伍所到之处，人山人海，气氛热烈，菜场关闭，万人空巷。

杂技表演

手鼓表演

荡河船

唱道情的老人

2005年，为配合"抗战胜利六十周年"纪念活动，在巡游队伍中运用文字标语与化装节目，教育人们勿忘国难家仇；在传统的"扬善惩恶"节目中，增加了"八荣八耻"和"反腐倡廉"的宣传内容。形式上，随着百姓对文化生活需求的增长，增添了许多充满生活气息与时代精神的民俗歌舞节目，其中，传统的有拼字龙灯、荡秋千、荡河船、花棍舞、狮子舞、踩高跷等，现代风格的有剑舞、棍舞、伞舞、扇舞、采茶舞、健美舞等，还有战士马队、战船、战车等游行队伍。

2010年巡游规模更加庞大，有关资料附表如下：

序号	节目名称	人数	序号	节目名称	人数
1	推牌·威风锣鼓	85	32	转轮王	10
2	百姓百宝吉祥旗	100	33	长幡旗	12
3	拼字龙灯（5条）	130	34	地藏王	5
4	图腾旗	61	35	观世音普施净水	10
5	千手观音	22	36	三星高照	30
6	凤阳花鼓	22	37	长幡旗	12
7	吉祥祝福	24	38	挂肉灯	25
8	花腰	22	39	五色无常	5
9	唐古拉风	22	40	囚车、押差	12
10	江山如画	20	41	无常	10
11	千手扇舞	18	42	旗牌、五虎将	9
12	长蟠旗	12	43	魁星点斗、文昌爷	3
13	鸣锣开道	32	44	状元彩龙船	48
14	捕快铺道	22	45	文元帅	12
15	开路先锋·导锣	9	46	鼓板亭	10

（续表）

序号	节目名称	人数	序号	节目名称	人数
16	武元帅	1	47	精武护卫	24
17	抗倭英烈图	46	48	导锣、长号、唢呐	20
18	将士校务	24	49	头牌执事	6
19	符司爷	1	50	銮驾	36
20	七星·土地爷	8	51	十二花神	12
21	民乐演奏	20	52	三对彩女	12
22	长幡旗	16	53	算心盘、照胆镜	8
23	秦广王	10	54	印亭·香亭	17
24	楚江王	8	55	四将校务、打威	20
25	宋帝王	8	56	威灵公旗	10
26	五官王	8	57	城隍尊神	16
27	森罗王	10	58	轿凳、隶竹、掌扇、宝伞	12
28	卞城王	8	59	龙虎旗·丝乐	22
29	泰山王	10	60	后手旗	30
30	都市王	8	61	赠送谢帖	
31	平等王	8	62	女子大鼓	16

2010年巡游队伍构成

当年，汤和保境安民，功绩卓著，老百姓永世不忘；如今，汤和信俗成为当地一大民俗文化盛事。龙湾每年约有二十万人参与迎祭和参观活动。

[贰]祭祀

这是巡游的最后一站，宁村所南郊"校场"乱葬岗上（1998年已入建英烈墓陵园）祭鬼（祭祖）。祭礼除三牲祭品外，还备有两蒸笼

"校场"祭祖

祭拜

宣读祭文

的米饭，倒在竹席上，供四方无主游魂野鬼食用。

文元帅主祭，三叩九拜，三献香，三献茶，三献饭，三献酒。陪祭人宣读祭文：

秋高气爽，万紫千红，风调雨顺，国泰民安。维公元某年某月某日，农历某年七月十五，某谨代表某人和参加祭拜的全体嘉宾，在宁村抗倭英烈陵园祭祀先烈。

曰：义冢巍巍，瓯江泱泱。

明朝洪武，天遣圣贤；汤公鼎臣，生于凤阳。

常胜将军，抗倭先驱；封信国公，追东瓯王。

筑城卫所，五十有九；留下御伍，寓兵于民。

成远算者，不恤近怨；任大事者，不顾细谨。

百余姓氏，后继有人；有事则战，无战乃耕。

抗击倭患，血溅沙场；英雄儿女，浩气长存。

一代元戎，楷模永在；宁村所主，立庙以祀。

民族精神，昌宏至今；世界文明，卓显华章。

改革开放，人神共襄；发展经济，民富国强。

农业丰收，工业兴旺；科教先进，环境优良。

敬老爱幼，无限高尚；遵纪守法，社会和谐。

诗书礼乐，陶冶情操；传统文化，人人分享。

继承美德，世代祈愿；通地彻地，护佑子孙。

因果循环，道德至上；扬善罚恶，人民安康。

东海滔滔，罗山茫茫；缅怀祖德，光大发扬。

谨告吾祖，伏维尚飨。

祭奠中，夹以擂鼓、鸣锣、唢呐、喇叭。最后火化十几箩纸钱。整个过程肃穆又悲壮。

[叁]游营

最后队伍回所，在南、东、北、西门巡城一周，表现视察和关心

接"金元宝"

士官营房的情景,四周城门的四庙诸神、太阴宫、元坛殿、东岳庙、关帝庙也要投殿问好,打个照面,进行礼貌拜访。

最后按出发顺序(只有文武元帅的次序调换)由西门进庙归宫。城隍庙自早晨出宫巡游后,中门关闭上闩,门上贴有城隍威灵公的封条,归宫时先是"犯人"、无常打门,而且越打越多。打门声音也越来越大,等城隍爷到达门口时,才启闩开门,一时间,无常、"犯人"、众兵丁喊叫声、打门声响成一片,直到一拥而入,其场面热烈壮观。

[肆]春秋祭和拦街福

十五至十九,演戏五天。

十五夜里开始,演出中有"打八仙",戏金赞助者上台从招财爷手中接过"金元宝"。

演戏即集市,温州城内、郊区、瑞安、平阳、苍南、文成、泰顺、乐清和附近海岛渔民纷纷闻风而来,各种各样的食品、家具、农具、服装、饰品、渔货等摊位摆满北门底,应有尽有,不胜枚举。变把戏的、耍猴的、拉洋片的、吹糖人的、三张牌,等等,满地都是,这也是名副其实的物资交流大会。

十九日城隍爷归位。秋祭典礼结束。

一、正月初九春祭

永嘉场区域内聚族而居、聚族成村现象显著,各大族祠堂均有春秋两祭。百家姓的宁村视汤和为共同祖先,除隆重的秋祭外,尚有春祭。

春祭在正月初九，当天各主要姓氏代表约五六十人，着节日盛装，聚集汤和庙。神像前摆上三牲福礼，点燃香烛，众父老朝汤和神像三拜，礼成。

下午开始演五天戏。

二、二月二"拦街福"

据传，当年古历二月初二汤和晋见朱元璋，受命抗倭，从此掀开东南海疆筑城抗倭的历史。宁村人择定这个汤和临危受命的日子，在城中十字街头举行"拦街祈福"活动，表示永世不忘汤和为民造

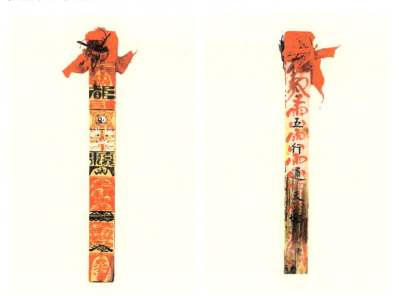

中堂符

福的功绩。二月二"龙抬头",又是迎接来年福祉的开头。

宁村城的构造充分体现汤和"城内寓百姓,百姓即一家"的理念,永嘉场民间凡居家住宅内均安有中堂

十字街口桩内装中堂符

符——中堂插根驱魔避邪的镇宅之宝。新宅落成,先安中堂符,后安土地爷。宁村选择在全城中心点——即十字街头插一中堂符。每年二月二更换一次。中堂符桃木制,大年长2尺6寸,小年长2尺4寸。

活动之前,汤和庙管理值年"首事"(现在则以村老年协会)走访村内各家各户,在大门上张贴"太平良愿乐助香金办礼"的红纸竖条,凭自愿原则收取每户份子钱(近年称"香金")。

初二上午,按当年黄历上的吉利朝向(南北或东西大利),在城中心十字街口摆设一拦街福祭礼(如遇天雨,改在汤和庙内举行)。两张桌搭成高台,座椅上铺老虎毯,上撑龙凤伞,下旁放置尊神牌位。高台下十五张八仙桌,上面摆放着三牲:全猪、全羊,各嘴叼青香,还有鸡鸭鱼肉、松糕、花生、红枣、香烛银纸、鼓盘神花。

前一年在"送子土地"前端去桃糕捏的小男孩,今年得子者,

拦街福

均敬献糕点、水果、香烟、饮料,称"得子还愿"。

各户初二上午打扫自家门庭,清理环境,并在大街上择定自家设祭地点,摆设桌椅,陈列祭品。家家争艳斗巧地摆出各式小摆设。

下午三时,拦街祈福活动正式开始。

主祭随赞礼唱词,上香、献茶、献酒、击鼓、奏乐。

法师吹响"龙角",遍请上八洞、下八洞、三十六洞天、七十二福地、大罗山东麓南起笑客岩、北迄茅竹岭各位神祇。

村中德高望重的老人,身穿长衫,时拜时跪,毕恭毕敬。

拦街福"百家宴"

仪式高潮时在鼓乐鸣炮声中更换中堂符。

整个仪式庄重、严谨，宣示对护国佑民的民族英雄汤和总帅和因抗倭而壮烈牺牲的将士的怀念、感恩之情。

求子者满怀虔诚地从神像前领去桃糕捏的小男孩。

仪式观赏者摩肩接踵，引颈踮足。

夜十二点前，各户桌品撤离现场，身着长衫的老人，在鼓乐前导下，在所内大街小巷巡行一圈，结束了第一天的拦街祈福活动。

初三凌晨，汤和庙内烛火缭绕，香气扑鼻，负责厨房食品操作的人员忙开了。

至上午十点，以放三响鞭炮为号，众相邻乡亲，拼搭十人一桌，交十张餐券于前台，领取前一天祭品熟食和饮料、香料、啤酒等。花不多"香金"，获得农家乐美味佳肴。

近年来的百家宴，不仅所内宁村各家参与，邻村人也踊跃报名。十年前，百家宴者一般只五十多桌（包括得子还愿者），前几年逐年增加，今年（2013年）竟达到一百一十九桌（其中得子还愿者增至五十六桌）。

汤和信俗的人文价值

汤和信俗，挖掘了不少传统文化的精华，促进了传统文化的创新和发展。它的存在，体现了寓教于乐的原则，对于推行孝道、敦睦族谊、地方和谐也都有着重要的意义。同时，这也是一种爱国主义教育。

汤和信俗的人文价值

　　汤和信俗活动，有别于其他庙会或宗教祭拜仪式，它闪烁着爱国主义与和谐团结的思想光辉，体现了民族传统精神的正能量。

[壹]彰显和谐主题

　　一、弘扬爱国主义传统

　　汤合信俗，首先是弘扬了中华民族的爱国主义传统精神。

　　党的十六大报告明确提出："民族精神是一个民族赖以生存和发展的精神支柱。"并进一步阐明民族精神的核心是爱国主义。而

爱国主义宣传

最能体现爱国主义精神的,则莫过于反抗外族入侵。

纵观吾悠悠中华,自古以来边境狼烟不断,酿成多少次山河为之色变的战争,造就了多少位光照千秋的民族英雄。但若站在今天大中华五十六个民族的立场上去审视,我们会恍然大悟,原来古代那些"五胡乱华"、"中原铁蹄"、"澶渊之盟"、"靖康之耻",甚至"胡骑南下"、"清兵入关",所有这些古代战争,都只是中华民族大融合中的阵痛,是民族大家庭磨合过程中的火花。唯独明朝东南沿海人民的抗倭斗争不同,那是中华民族历史上一场真正的反抗外族入侵的战争,是全民总动员的民族保卫战,是一次典型的爱国主义性质的卫国战争。而汤和则是我国历史上第一位抵抗外族入侵的民族英雄。不论是祭拜、巡游、庙会都是感恩这位民族英雄。

从民俗意义上说,汤和实乃宁村百姓之"共同祖先",汤和庙实为当地百姓尊祖睦族之祠堂。祭祖或祭鬼,追悼国难中捐躯的同胞,闪烁着爱国主义的思想光芒。这种思想内涵使汤和信俗及庙会这项民俗活动在所有民俗活动中脱颖而出,具有丰富的思想性与特色。

在社会影响上,每次活动至少有二十万人享受了这顿文化大餐。中共中央《爱国主义教育实施纲要》指出:"各地的自然风光、文物古迹、名胜景点能够激发人们对祖国壮丽河山和悠久历史文化的热爱之情,要注意发挥这方面优势,寓爱国主义教育于游览观光之中。"《公民道德建设实施纲要》进一步指出:"要积极开发优秀民族道德教育资源,利用各种爱国主义教育基地,进行历史和革命传统教育。"

宁村的汤和信俗一系列活动可以继续开发,结合中日甲午战争、《马关条约》的签订、"九一八"事变侵占我国东北三省、"七七"事变之后所犯的滔天罪行,以及当今日本军国主义阴魂不散,参拜靖国神社、篡改教科书、妄图霸占钓鱼岛等历史事实与形势,更有力地宣扬汤和的抗倭业绩,使爱国主义教育更深入、更广泛地开展。2007年,中央电视台第七频道"乡土"栏目还播出了"七月十五汤和文化节"的活动盛况。

二、彰显大团结精神

"百姓"一家,和谐共处,彰显各族人民大团结的民族精神。

宁村"百姓"杂居,视汤和为共同祖先,以汤和庙为百家宗祠。一年春秋两祭,祖先虽远,祭祀必诚。

汤和造城之初,即有"一城为一宅,百姓为一家"的追求理念:将0.99平方公里的城堡作为一个大宅院,"寓兵于民"的子弟兵后裔即异姓骨肉的一家人。一家人在一个大宅院中和谐共居。所以将城堡中心——十字街头,设想为大宅院的中堂(上间),安插了一家的中堂符。

中堂符乃道教传统中"驱魔避邪、保佑平安"的镇宅之宝,民间凡新居落成，先在中堂插中堂符，后"安土"、置土地爷。而宁村二月二"拦街福"活动的主要项目是调换中堂符。

龙湾历史悠久的"拦街福"，有别于温州城区"拦街福"的商业色彩，充分体现了拦街祈福的民间朴素理念和"阖城一家"的和谐文化追求，是中华民族大团结的缩影，而翌日的百家宴，则是"阖家欢聚"的象征。

[贰]丰富节日文化

汤和信俗还发展了古老节日的文化内涵。

传统节日中元节本来就包含着丰厚的文化内涵：祭奠祖先、善济亡魂，充溢着人性、人情。而植根于这个古老节日的汤和信俗活动，从古老的"中元祭祖济鬼"习俗中脱颖而出，更丰富了它的内容：城隍、判官、无常"护善惩恶"的警示，对善男信女以至芸芸众生的行为起到无形的监督作用，抑制人的私欲恶性膨胀与犯罪冲动，潜移默化地促进社会安定和谐。

巡游中一个引人注目的节目称"扎肉灯"，其内涵是弘扬孝道文化的"报娘恩"。家有父母长辈染病或其他灾祸，子女到城隍爷尊前许愿，诉求保佑，消灾免难，愿意以吊肉灯来报答娘亲的养育之恩，从中体现了中华民族自古以来注重孝道的传统。

"百善孝为先"，孝是一切道德的根本。而且许多节目围绕着"勿忘国难"、"爱我中华"这些主题，近几年还融进了"八荣八耻"、"反腐倡廉"的内容，与时俱进。

汤和信俗也实现了群众自我娱乐、自我教育。

随着人民群众物质生活水平的提高和对文化生活需求的增长，近几年来的汤和庙会、巡游与时俱进，富有鲜明的地域特色和浓郁的农耕文化气息，已成为浙南地区民间传统娱乐活动的大汇展：拼字龙、踩高跷、荡河船、唱道情、千秋阁、旱龙船、舞狮子、打花棍、民族歌舞……千姿百态。通过汤和信俗庙会、巡游这场民俗活动，融严肃主题于生动形式，对群众更具有吸引力，使这项民俗活动覆盖整个永嘉场和附近各县市，二十多万人在满足身心愉悦的同时，陶

少数民族舞

冶性情,受到了启迪与教育,潜移默化地配合了社会主义精神文明建设,使这项民俗活动实现了"从被动保护到主动保护、从单一保护到全面保护、从静态保护到动态保护的转变"。

当前,中华民族赖以延续的五千年的传统精神正面临西方文化中负面因素的严峻挑战。在洋节日长驱直入,传统节日式微的情况下,我们树起"明代东南沿海抗倭民族英雄汤和",就是树起民族精神的"爱国主义"大纛,激励全国人民继承光荣传统,奋勇前进。而且乡土的光荣历史、乡贤的英雄行为是最具感召力的,是任何手段都无法取代的教材。

汤和信俗,使汤和步入了神坛,又从神坛回归到人间,回到人们对英雄人物的崇敬中来。汤和不是杜撰的偶像,而是良知的选择。

汤和信俗,挖掘了不少传统文化的精华,促进了传统文化的创新和发展。如今,已入选国务院公布的第二批国家级非物质文化遗产保护名录。汤和信俗,正以汤和文化为核心,构成一道亮丽的人文风景,绽放着民族文化的无穷魅力。

汤和信俗的现状和保护

我们希望能有效改善当前的保护工作质量，进而能够在全社会引发对于汤和信俗的价值思考，增强各界保护汤和信俗的责任感，并把这种责任感落实到行动中来。越来越多的中国人开始认识到这一珍贵文化财富的价值，但要落实各项具体的保护工作，仍然有待各方支持，保护与发展之路依然任重而道远。

汤和信俗的现状和保护

[壹]传承情况

非物质文化遗产是人类文明的宝贵财富，然而，由于我国的非物质文化遗产的保护还处于起步阶段，加上现代化城镇进程的加快，非物质文化遗产正遭到不同程度的破坏，有些甚至濒临消失，汤和信俗也不例外。

一是汤和信俗活动形式没有新的创意，使人感到乏味，导致参与活动人员逐渐减少。

二是随着科技进步和市场经济的发展，人们精神文化生活日益丰富，审美需求逐渐提高。为此，对组织者和参与者都具有更高的要求。

三是该项活动出自自愿参与，自愿捐款，一年又一年的捐款，对发起人产生较大压力，导致工作开展较缓慢并具有一定的局限性。

当前，"非遗"项目因找不到合适的传承人而面临消失的问题最为突出。"非遗"项目要传承下去，最终要依靠传承人。然而，由于现代文化的冲击，传统文化逐渐式微。在市场经济条件下，以自娱娱人为主旨的民族民间文化，并不能给表演者带来多少经济效益。

由于市场经济的冲击，从事传统的非物质文化遗产生产工作时间长、强度大、报酬低，很多年轻人不愿从事传统的非物质文化生产。传人缺乏，是民族民间文化传承的最大症结。

非物质文化遗产保护是一项综合性、多学科性、群众性很强的工作，政府各部门之间、政府部门与社会团体之间、研究非物质文化遗产的各学科之间必须协同配合，必须广泛动员群众力量，让广大群众自觉担负起保护非物质文化遗产的责任和义务。目前，非物质文化遗产保护工作多被认为是文化部门一家之事，相关部门、社会团体、广大群众保护意识淡薄，尚处于观望状态。

因此，必须加大宣传力度。一方面由文化部门牵头，各部门积极参与配合，建立完整的宣传机制，宣传的制度化和规律化能起到一个深入人心的效果，各部门积极配合，形成合力。同时，广泛吸纳有关学术研究机构、企事业单位、社会团体的力量，共同开展汤和信俗保护工作的宣传，充分发挥专家的作用，让宣传方式多样化，在各类文艺活动中穿插汤和信俗的宣传工作，真真切切地让人们感受到汤和信俗的存在，使人们切身感受汤和信俗"非遗"项目保护与传承的意义。

另一方面，通过移动传媒方式进行宣传，可以试着在来往的客车上喷漆进行广告宣传，汽车流动性大，使得宣传的面更广，也可利用手机短信群发宣传，这样的方式会传得更远，也更有效。还可以建立汤和信俗非物质文化遗产的专题网站，让汤和信俗得到传播。鼓励和支持新闻出版、广播电视、互联网等媒体对非物质文化遗产及其保护工作进行宣传展示，普及保护知识，努力在全社会形成共识，营造保护非物质文化遗产的良好氛围。

在有条件的学校开设汤和信俗的讲座或课程，既丰富学校的第二课堂，拓宽学生的视野，又做好汤和信俗的普及教育。

资金问题往往会在保护工作开展中捉襟见肘，带来不小的困难。财政拨付的"非遗"保护经费远远不能满足实际需要。作为软实力的汤和信俗，很难带来直接的经济效益，一次投入，也许要很多年才能收回，甚至可能永远也无法产生直接的经济效益。因为文化本质上是精神层面的，物质性的回报有一个转化的过程，且这个过程也需要资金投入。以现在有限的经费，根本无法解决诸多实际问题。投入不足，直接成了发展汤和信俗并进行产业化开发的瓶颈。

需要加大资金扶持力度。能将汤和信俗保护经费也列入财政预算，加大投入，确保一定的基数，保障工作的正常开展。要用足用活国家、省有关发展文化事业的扶持政策，积极向上争取资金补助。此外，要出台相应的经费扶助政策，建立资金扶助机制，补助扶持汤和信俗，并通过政策引导，鼓励个人、企业及社会团体积极参与、支持汤和信俗的保护工作。

[贰]保护措施

非物质文化遗产是否切实得以保护和发展,传承人的存在是关键,传承人是非物质文化遗产的根源。建议相关职能部门投入一定的财力、物力和人力,每年给传承人发放一些生活补贴和举办培训班时的培训费,这样能在提高传承人待遇的同时也提高他们的传承积极性。

切实发挥法律的职能,使得保护工作有法可依,有法必依,违法必究。政府对"非遗"的抢救、保护与传承起主导作用并负有重要责任。加强关于保护非物质文化遗产的立法工作,注重法律的可操作性、推广性,加大执法力度。总体而言,是要把保护非物质文化遗产工作纳入当地法律体系中去,杜绝"空架子"、"空条文"的现象。应建设"汤和信俗传播中心",使之成为"非遗"文化保护的永久性基地与"中华百家姓氏博物馆"的基地。再现抗倭场景,追求实体效果,利用护城河打造海战,以激光、电子、科技手段运作,利用仿古堡打造文明的"甩污瓮"战役和"徐将军世代抗倭"事迹塑造,让游客都能寻到根脉而产生兴趣。可以想见,中心与基地一旦建成,必将成为挖掘、保护、研究、弘扬龙湾文化的基地,成为对外进行民族民间文化交流的前沿,成为宣传龙湾、了解龙湾的窗口,其效益是多方面和长远的。

建立商业一体化体系。旅游发展是一个很好的宣传方式,同时也是一个很好的保护举措。龙湾既有丰富的非物质文化遗产，又有以永昌堡为代表的全国文物保护单位，应该予以充分结合利用，在发展旅游业的同时也相应地保护文化遗产。我们喜欢一个地方，其文化内涵起到了一个决定性的作用，当人们爱上这片土地之时，同时也会爱上这片土地上的文化。旅游业的发展可以带来经济收入，也带来第三产业的发展，同时，当地的文化也会受到重视。如果旅游业的发展是建立在这种物质与非物质文化的基础上，保护的问题就自然而然解决了。要寻求更全面的产业化运作方式，搭建各种有利于汤和信俗保护的平台。汤和信俗所在地宁村，有号称"中华姓氏第一村"的屯兵文化、省级"非遗"名录的"拼字龙灯"、每年二月初二的"拦街福"、换"中堂符"民俗、十字街、茶堂、三十六口古井、古兵房、关老爷殿、三圣殿、玄坛观、东岳庙、杨府殿、护城河、抗倭英烈陵园、历史抗倭世袭大将军的徐将军墓等，文化底蕴深厚，潜力强大，旅游资源别具特色，包含农耕文化、婚俗文化、姓氏文化、抗倭文化等。可打造集民族、民间、民俗文化为一体的休闲观光购物旅游产业，组建汤和信俗文化发展有限公司或集团，以企业管理的模式，以"信俗养信俗"解决就业问题，提高全民积极性，做大做强汤和信俗文化产业，为当地人民造福，为抢救与传承奠定基础。

一是有关部门对保护非物质文化遗产重要意义的认识还不到位。认为"非遗"文化不能带来直接的经济效益。文化是软实力，正由于"软"，不能迅速地带来巨大的经济效益，在以经济建设为中心的理念下，片面地割裂了文化对经济的基础作用，就经济而抓经济，这必然会忽视甚至抛弃民族民间文化。认识不到非物质文化遗产属于不可再生资源，错误地认为"非遗"保护工作不是硬任务，对此敷衍了事，缺乏保护的紧迫感、责任感和使命感。

二是由于"非物质文化遗产"是一个新近出现的名词，群众对其缺乏必要的了解，民间非物质文化遗产保护还没有成为干部群众的自觉行动。

要统一认识，明确政府责任。职能部门要认真贯彻国务院办公厅《关于加强我国非物质文化遗产保护工作的意见》的精神，认识到汤和信俗保护工作的重要性和紧迫性，将保护工作作为一项长期和系统的工程来抓。

要成立汤和信俗保护工作专项领导小组，建立政府主导、文化部门牵头、其他部门积极配合、社会广泛参与的良好工作机制，并邀请有关专家学者制定科学的、可操作的保护措施。

要借鉴外地在非物质文化遗产保护方面的先进做法和经验，不断加强管理机构和专业队伍建设，进一步推动汤和信俗保护事业的健康发展，使非物质文化遗产事业走可持续发展之路。

2008年6月，汤和信俗成功入选国务院公布的第二批国家级非物质文化遗产保护名录。此后，凡逢五逢十年份，大范围举行出巡信俗活动，其余年份则小范围开展，信俗活动不间断。

　　我们希望能有效改善当前的保护工作质量，进而能够在全社会引发对于汤和信俗的价值思考，增强各界保护汤和信俗的责任感，并把这种责任感落实到行动中来。作为一个民族生存和发展着的历史印迹，非物质文化遗产应被赋予精神家园的意义。放眼现在，越来越多的中国人开始认识到这一珍贵文化财富的价值，但要落实各项具体的保护工作，仍然有待各方支持，保护与发展之路依然任重而道远。我们坚信，传承和发展非物质文化遗产并非这条道路尽头处的花园，而是这条路本身。通过各方努力，这条道路必将芳香四溢，精彩纷呈！

后 记

　　《汤和信俗》的成书过程,也是我们编写组对这项古老民俗丰厚文化内涵的认识过程。

　　儿时的记忆中,经"正月灯鼓"、"端午龙船"的热闹后,短暂静寂后的农村,又会迎来"七月半抬城隍爷"这件大盛典。

　　三三五五的"无常"过来了,花花绿绿的戏曲马队过来了。在披枷戴锁的赎罪"犯人"、"报娘恩"的"扎肉灯"之后,是旌旗招展、鼓乐喧天、众父老前呼后拥的城隍爷。于是,满街观众连同我们这些未谙世事的小孩,都成了虔诚的善男信女,凝神屏息,朝城隍爷合掌膜拜,学着大人口念"菩萨保佑"!

　　新中国成立后,在"左"倾思潮冲击下,汤和信俗一度沉寂!

　　改革开放,拨乱反正。中断了二十八年(1951—1978)的汤和信俗,迎来了明媚春光:民俗节日的人文价值得到肯定,汤和信俗独特的文化底蕴——"爱国主义"、"人文关怀"浮上主流社会的视野。继1978年至1996年的十八年民间活动的孕育之后，2004年在政府支持下成功举办了"首届汤和文化艺术节"，随着"非遗"保护工作的兴起，汤和信俗终于从陌巷走上庙堂。2008年，荣列第二批国家级非物质文化遗产名录。

编写组自2012年夏季接受《汤和信俗》一书的编写任务后，我们参照2006年"申遗"文本，又超越文本，试图凭借自我对家乡风土人情、民风习俗的切身体验，从更广阔的地域文化背景上，去探索形成这项民俗活动的深层次因素。

我们发现大罗山东麓这块200来平方公里的土地，千里奔波来此淘金的移民群体"求生、求富"的强烈愿望，共同凝结成了汤和信俗厚实的人文背景。

通过对宁村耆老潘定槐、蒋作高诸位老先生的多次造访，我们发觉，汤和信俗在"巡游"、"祭祖（鬼）"中包含的"抗倭爱国"、"敬祖抚孤"的思想内容之外，更有二月二"拦街福"所折射出的"百姓一族"、"阖城一家"的团结和谐精神。这种万众一心的凝聚力，正是我们实现民族伟大复兴的正能量！

汤和信俗是宁村人的精心创造，是龙湾人民向上、向善精神的集中展示。编写组水平有限，实难用图文完美再现这一古老民俗的全貌与内涵。遗漏与谬误难免，望关心汤和信俗的各界人士与方家批评指正。借本书收笔之际，谨向热心提供资料的潘定槐、蒋作高、徐贤顺诸位老先生表示诚挚的谢意，并衷心感谢热心民俗文化的蔡青青女士无私奉献自己的摄影作品！

编写组

2013年11月

责任编辑：方　妍

装帧设计：任惠安

责任校对：王　莉

责任印制：朱圣学

装帧顾问：张　望

图书在版编目（ＣＩＰ）数据

汤和信俗 / 潘旭宏, 项玉燕主编 ; 徐顺炜, 何黄彬,
项有仁编著. -- 杭州 : 浙江摄影出版社, 2014.11（2023.1重印）

　（浙江省非物质文化遗产代表作丛书 / 金兴盛主编）

　ISBN 978-7-5514-0739-7

　Ⅰ. ①汤… Ⅱ. ①潘… ②项… ③徐… ④何… ⑤项
… Ⅲ. ①汤和（1326～1395）—信仰—研究—温州市②风
俗习惯—介绍—温州市 Ⅳ. ①B933②K892.455.3

中国版本图书馆CIP数据核字（2014）第223669号

汤和信俗

潘旭宏　项玉燕　主编　徐顺炜　何黄彬　项有仁　编著

全国百佳图书出版单位

浙江摄影出版社出版发行

　　　地址：杭州市体育场路347号

　　　邮编：310006

　　　网址：www.photo.zjcb.com

制版：浙江新华图文制作有限公司

印刷：廊坊市印艺阁数字科技有限公司

开本：960mm×1270mm　1/32

印张：4.75

2014年11月第1版　　2023年1月第2次印刷

ISBN 978-7-5514-0739-7

定价：38.00元